湖北省博物館

HUBEI PROVINCIAL MUSEUM

编委会

本书为国家社科基金重点项目"枣阳郭家庙墓地发掘报告"（项目批准号 18AKG005）阶段性成果。

长江文明考古展·湖北

千年文脉

湖北省文物考古研究院
湖 北 省 博 物 馆
———— 编 ————

文物出版社

图书在版编目（ＣＩＰ）数据

千年文脉：长江文明考古展：湖北 / 湖北省文物考古研究院, 湖北省博
物馆编. —— 北京：文物出版社, 2023.2
　　ISBN 978-7-5010-7992-6

　　Ⅰ.①千… Ⅱ.①湖… ②湖… Ⅲ.①文物—湖北—图录
Ⅳ.①K872.630.2

中国版本图书馆CIP数据核字(2023)第041705号

千年文脉——长江文明考古展·湖北

编　　者	湖北省文物考古研究院、湖北省博物馆
责任编辑	王　伟
封面题签	袁　伟
责任印制	张　丽
出版发行	文物出版社
社　　址	北京市东城区东直门内北小街2号楼
邮政编码	100007
网　　址	http://www.wenwu.com
经　　销	新华书店
制版印刷	天津图文方嘉印刷有限公司
开　　本	889mm×1194mm　1/16
印　　张	16.5
版　　次	2023年2月第1版
印　　次	2023年2月第1次印刷
书　　号	ISBN 978-7-5010-7992-6
定　　价	498.00元

序

　　2022年6月，湖北考古博物馆正式开馆。博物馆总展陈面积1050平方米，基本陈列包括"千年文脉——长江文明考古展·湖北""世纪工程——三峡考古湖北成果展"和长江文明展（数字）。

　　走进"千年文脉——长江文明考古展·湖北"展厅，一幅标有重要考古遗存的湖北地图映入眼帘，三峡考古、南水北调考古、丹江库区文物调查以及建始人、郧县人、鸡公山、屈家岭、石家河、盘龙城、铜绿山等众多考古发现清晰可见。近70年来，湖北考古依托国家大遗址、"中华文明探源"和"考古中国"等主动考古项目，配合三峡工程、南水北调、高速公路和铁路建设等，取得了一系列重大考古发现。这些发现为阐释中国百万年的人类史、一万年的文化史、五千多年的文明史和多元一体中华文明的形成、发展提供了强有力的支撑，凸显了荆楚文化的悠久历史和深厚底蕴。

　　展览包括"人类起源""文明之路""夏商南土""周之南国""江汉入秦"5个部分，时间线自距今200万年左右的湖北建始人开始，至公元前221年秦统一六国止，通过1000余件出土文物和图文展板，呈现了源远流长的长江文明汇入博大精深的中华文明的历史进程。

湖北省文物考古研究院院长
湖北省博物馆馆长

目录

中共中央政治局 2022 年 5 月 27 日下午就深化中华文明探源工程进行第三十九次集体学习。习近平总书记在主持学习时强调，"中华文明探源工程对中华文明的起源、形成、发展的历史脉络，对中华文明多元一体格局的形成和发展过程，对中华文明的特点及其形成原因等，都有了较为清晰的认识。"认真学习习近平总书记的重要讲话精神，深受启迪、倍感振奋，我想结合长江中游的考古学研究工作谈一些自己的学习体会。

长江中游地处长江中部，长江最大的支流汉江在此汇入，是沟通长江上游、下游的桥梁，也是越过大别山、桐柏山和汉江上游、淮河水系与黄河流域联通的重要区域。长江中游文明是中华文明的重要组成部分，在中华文明发展史上地位举足轻重。

国家启动中华文明探源工程特别是 2020 年国家文物局、科技部启动"中华文明探源研究"和"考古中国"项目之后，湖北联合湖南、安徽、江西以及河南等省文物考古工作者，以及北京大学、武汉大学、山东大学、四川大学等科研院所，采取团队紧密合作、多学科联合攻关方式，紧紧围绕科技部"中华文明探源研究"之"长江流域文明进程研究"、国家文物局"考古中国"之"长江中游文明进程研究"等重点项目，以及围绕与这两大科研项目相关的"长江文物资源调查"和配套组织的"古人类调查研究""楚文化调查"等课题，积极开展工作，取得系列新成果，深化了对长江中游文明进程的认识，进一步实证了我国百万年的人类史、一万年的文化史、五千多年的文明史。

在对距今约 200 万年建始人的相关遗址及生存环境开展调查同时，重点启动了距今约 100 万年郧县人遗址的发掘，获取了与郧县人化石同地层的数量众多的哺乳动物化石、手铲等石器及相关生存环境的信息，深化了对郧县人化石的研究；同时开展了对与郧县人同处汉江上游的约 75 万年前的郧县梅铺猿人、约 60 万年前的郧西白龙洞猿人、约 10 万年前的郧西黄龙洞猿人的调查和研究，进一步确认以郧县人为中心的汉江中上游是中国古人类演化研究的重要区域，堪称人类进化廊道，有力地支持了人类多源起源的观点，实证了我国百万年的人类起源、发展史。

距今约 2 万年的荆州鸡公山遗址，是人类从洞穴走到平原生活的见证，随之而来的江西仙人洞遗址、湖南玉蟾岩遗址和湖北长阳桅杆坪遗址，见证了距今约 1.5 万年至 1 万年长江稻作文明的起源。彭头山文化、城背溪文化、大溪文化、屈家岭文化见证了长江中游文明的进程，峡江地区城背溪、大溪文化的太阳人石刻、黑曜石雕塑人像，湖南鸡叫城遗址大型木构建筑的单体面积达 630 平方米的房屋，湖北城河遗址大型合葬墓，将我国高温黑釉技术提前 1000 年的京山屈家岭高温黑釉陶器，保康穆林头遗址的玉璇玑、玉钺，以及彭头山城、鸡叫城、石首走马岭城、石家河谭家岭等古城的严整布局，见证了长江中游从文明起步到 5000 年前达到的辉煌高峰。仰韶文化在庙

多学科联合攻关　谱写长江中游文明进程新篇章

湖北省文物考古研究院院长
湖北省博物馆馆长
研究馆员
方勤

底沟时期强势影响长江流域，远至长江三峡腹地的宜昌中堡岛遗址发现了仰韶文化庙底沟类型的身影；而河南黄山遗址的大型制玉作坊，不仅是技术文明的见证，更是屈家岭文化强势北上与黄河文明交流的注脚。进入石家河文化时期，石家河遗址面积达 120 万平方米的大型城址以及周边凤凰咀等十多座卫星城址的出现，和石家河印信台大型祭祀场所、三房湾大型专业制陶作坊，以及肖家屋脊 M7 大型墓葬、持钺羽冠人物画像、陶鼓和兽面纹陶铃等，表明石家河文化已经进入高度发达的王国时代。

进入夏纪年的肖家屋脊文化（也称后石家河文化或煤山文化）时期，石家河遗址和孙家岗遗址出土的玉凤、玉龙、神秘人像等大量精美绝伦玉器，以及蟹子地遗址发现冶炼铜渣和邓家湾遗址出土的长江流域最早的铜砷合金人工冶炼铜刀，是夏纪年时期长江流域文明达到的高度，同时高柄豆、浅盘肥圈足盘等来自中原王湾三期文化的陶器，与历史文献记载的"禹伐三苗"契合，体现了此时期长江文明与黄河文明的深度交流与融合。商代，盘龙城小咀冶炼遗迹和遗址北部铺石祭祀遗址的发现、嵌金绿松石龙形器的出土，深化了盘龙城遗址的内涵及其与中原文明的对比研究；黄陂鲁台山郭元咀长江流域最大青铜铸造遗存和安徽台家寺铸铜遗址的发现，为研究商代长江流域依托铜资源与中原文明的交流提供了新材料。

进入周代，周王朝推行的分封制进一步促进了长江流域融入华夏文明的步伐。曾国考古的系列发现，勘探发掘的十余位曾侯墓和庙台子、忠义寨、安居、五眼桥等遗址，"赐之用钺，以征南方""金道锡行""用为民政"等出土的大量青铜铭文，书写名不经见的曾世家，揭示了中央王朝对南方的经营和开发，以及长江流域向中原输送铜资源的史实。铜绿山遗址、纪南城城址和熊家冢殉葬墓、安徽武王墩墓葬、江西

国字山墓葬的发掘，西周万福垴遗址"楚季"铭文编钟和王家咀墓葬 3200 枚含"孔子曰"、《诗经》和疑似乐谱战国简的出土，大力拓展了楚文化起源、楚文化发展壮大及其文化内涵的研究；云梦楚王城城外郑家湖墓地的发掘，不仅深化了对云梦秦简所处时代背景的认识，墓地中楚人、秦人文化因素的共存，以及惊、黑夫家信所书的激烈战事和"第一长文觚"谋士劝秦王"寝兵立义"所反映的秦统一前夕的激荡岁月，是长江流域文明最终融入华夏文明大家庭的见证。郭店楚简、王家咀战国简和此前发现的清华简等大量简牍的发现，王家咀墓地疑似乐谱和此前曾侯乙编钟 3755 字音乐科学认知铭文的发现，以及楚辞等文献的研究，丰富了中华文明的精神内涵。

长江中游文明进程的研究，实证了我国一百万年的人类史、一万年的文化史，实证了在五千多年漫长文明发展史中，中国人民创造了璀璨夺目的中华文明，为人类文明进步事业作出了重大贡献，是"建立中国特色、中国风格、中国气派的文明研究学科体系、学术体系、话语体系，为人类文明新形态实践提供有力理论支撑"的生动诠释。

长江中游文明进程的研究，运用生物学、分子生物学、化学、地学、物理学等学科的最新前沿技术分析我国古代遗存，使中华文明探源有了坚实的科技分析依据，拓展了我们对中国五千多年文明史的认知。湖南鸡叫城遗址、天门石家河遗址、荆门屈家岭遗址、荆门城河遗址、襄阳凤凰咀城址和云梦郑家湖墓地的研究，坚持多学科、多角度、多层次、全方位，密切考古学和历史学、人文科学和自然科学的联合攻关，拓宽了研究时空范围和覆盖领域，从而在"进一步回答好中华文明起源、形成、发展的基本图景、内在机制以及各区域文明演进路径等重大问题"上取得了新成果。

2022年6月10日，湖北考古博物馆正式对外开放，是目前国内为数不多的几个考古博物馆之一，开创了湖北考古出土文物标本展示和利用的新方式，也为考古博物馆建设的理论与实践提供了一个样本。

一、湖北考古博物馆的建设背景

湖北历史悠久，文化灿烂，地上地下文物富集。自20世纪50年代湖北田野考古工作开展以来，湖北考古取得了诸多重要成果，为实证"百万年人类史、一万年的文化史、五千多年的文明史"做出了湖北贡献。同时，大量考古出土文物进入各级国有博物馆并向公众展示，如已为广大观众熟知的湖北省博物馆郧县人头骨化石、越王勾践剑、曾侯乙编钟、睡虎地秦简、元青花四爱图梅瓶等等；甚至不少以原创专题展览的形式成为博物馆的基本陈列或对外交流展览，如湖北省博物馆"曾侯乙""越王勾践剑特展""梁庄王珍藏——郑和时代的瑰宝"等基本陈列，湖北省博物馆"九连墩楚墓"、襄阳市博物馆"天国之享"、随州市博物馆"曾国七百年"等对外交流展览，这些文物和展览已成为宣传、弘扬、传播荆楚文化和中华文明的重要载体，甚至作为文明交流互鉴的"大使"。

但总体来说，除了占比极少的文物进入展厅外，尚有大量考古出土的文物未能得到有效利用，要么长期存放在库房内，要么还在整理间、标本室。

作为湖北考古"领头羊"的湖北省文物考古研究院承担着全省绝大部分重要考古任务，经考古发掘出土的文物标本数量庞大，除大部分移交给各级博物馆、文保所外，也留存着数万件供研究和合作开展教学实践使用乃至尚需要整理的文物标本，其中仅极少量相对完整、品质较高，其余为残损修复品或标本，分散在小型陈列室、库房和纪南城、屈家岭等考古工作站内。而由于陈列室、库房面积有限，很多文物标本只能集中堆放，展示的数量极少，也很难成为体系，还面临着一些保护的难题。

2015年，为解决这些文物标本的保管、保护和利用问题，在国家文物局大力支持下，在湖北省文化厅（今湖北省文化和旅游厅）的直接领导下，位于武汉市黄陂区木兰乡雨霖村的湖北省文物考古研究院木兰湖考古整理基地启动建设，分两期进行。2017年第一期工程建设完成，总建筑面积近1万平方米，包括文物整理展示中心、水下考古基地和科研中心等。一期工程建成后，湖北省文物考古研究院将分散多地存放的文物标本集中到该基地保管、保护，共有历年考古调查、发掘的200余处遗存出土、出水文物标本2万余件，包括三峡工程正式开始前的宜昌杨家湾、白庙、三斗坪，秭归官庄坪等遗址，以及20世纪50年代丹江库区调查遗存，还有建始人、郧县

湖北省文物考古研究院副院长
湖北省博物馆副馆长
研究馆员
王先福

湖北考古博物馆的探索与实践

人、鸡公山、屈家岭、石家河、盘龙城、铜绿山遗址及雨台山、五座坟、李泰家族墓地等多个湖北重要考古发现的文物标本。建成后的木兰湖基地是全国首个"海峡两岸考古教学交流基地"实践点，也成为武汉多所高校和科研院所文博考古交流实践基地。

2020年9月28日，中共中央政治局就我国考古最新发现及其意义为题举行第二十三次集体学习，习近平总书记在主持学习时强调，要"建设中国特色中国风格中国气派的考古学，更好认识源远流长博大精深的中华文明"，并提出了具体要求[1]。

为此，湖北省文物考古研究院经研究和专家论证，决定在中国考古学诞生一百周年之际依托湖北省文物考古研究院木兰湖基地改建湖北考古博物馆，制作基本陈列对外开放。湖北考古博物馆建设也先后被纳入《湖北省文物事业发展"十四五"规划》和长江国家文化公园湖北段建设内容。

2021年9月，二期工程——湖北省考古标本库房项目被纳入国家发改委"十四五"时期文化保护传承利用工程项目储备库，将新建文物库房、修复整理室和标本展示厅等，项目正在实施中。

二、湖北考古博物馆的定位

湖北考古博物馆隶属与湖北省博物馆合署办公的湖北省文物考古研究院。湖北省博物馆馆藏文物丰富，以出土文物为主，成系列的藏品和展品均来自湖北省文物考古研究院主持发掘的诸多重要考古项目。同时，湖北省博物馆也是国内外有重要影响的博物馆之一，较之藏品的等级、质量，展品的精美程度、知名度，陈列展览的形式，文物保护的设施设备等，湖北考古博物馆都无法与湖北省博物馆相比，把湖北考古博物馆建成与湖北省博物馆相互补充、突出自身特色和行业特点的博物馆即成为建设湖北考古博物馆的一个重要考量。同时，根据湖北省文物考古研究院的使命和湖北考古博物馆的馆藏等现状，湖北考古博物馆将被打造为集考古出土文物保管、收藏、保护、展示、研究与文化传播的综合性公共服务场馆，是"荆楚文化的基因库"和建设长江国家文化公园的重要支撑。

1.全面系统整理文物标本，建立"荆楚文化基因库"

"荆楚文化是悠久的中华文明的重要组成部分，在中华文明发展史上地位举足轻重。"湖北地区考古出土文物标本是荆楚文化发源、发展的实物证据，依托这些文物标本建立时代序列完整、文化内涵丰富的"荆楚文化基因库"是研究、阐释、展示、传承荆楚文化以及长江文化、中华优秀传统文化的基础。

湖北考古博物馆现收藏的2万余件文物标本以陶器为大宗，并有少量石、玉、铜、铁、金、银、木、竹器等，以及较多的各类化石，上自旧石器时代，下至民国时期，时代序列基本完整，地域分布较为广泛，能大致全面反映荆楚文化的物质文化面貌。

为在时代、区域文化类型等方面补充所存在的一定缺环，整合纪南城、屈家岭等其他考古工作站收藏的文物标本，并从正在整理、发掘或将来开展工作的考古项目中有针对性地遴选文物标本，集中进入湖北考古博物馆馆藏，以建立完整的"荆楚文明基因库"。

---

1 习近平：《建设中国特色中国风格中国气派的考古学，更好认识源远流长博大精深的中华文明》，《求是》2020年第23期。

2.贯彻文物工作方针，让文物活起来

1982年颁布、历次修正的《中华人民共和国文物保护法》明确规定："文物工作贯彻保护为主、抢救第一、合理利用、加强管理的方针。""合理利用"是文物工作的一个十分重要的方面，长期以来得到各级文物部门、文博机构的高度重视和积极践行，在满足人民群众美好生活需要方面发挥了重要作用。2022年7月全国文物工作会议提出新时代文物工作方针："保护第一，加强管理，挖掘价值，有效利用，让文物活起来。"进一步明确了文物利用的形式和目标，为包括考古工作在内的各类文物利用指明了方向。湖北考古博物馆将立足这一方针在做好保护、管理的基础上，加强价值阐释、研究与利用，开展展示传播，切实"让文物活起来"。

3.发挥合作优势，实现多方共赢

长期以来，湖北省文物考古研究院、湖北省博物馆与北京大学、中国科技大学、故宫博物院、中国科学院古脊椎动物与古人类研究所、中国社会科学院考古研究所等众多高校、文博单位、科研院所合作开展考古发掘、科学研究等，成果丰硕。木兰湖基地一期项目建成后成为武汉大学历史学院、华中师范大学历史文化学院、中南民族大学民族学与社会学学院、湖北大学历史文化学院和湖北省社会科学院楚文化研究所文博考古及历史专业学生实习实践基地。

2020年底、2021年初，湖北省文化和旅游厅（湖北省文物局）先后与武汉大学、湖北大学合作共建武汉大学长江文明考古研究院、湖北大学文化遗产学院；2021年底，湖北省文物考古研究院被纳入教育部、国家文物局"考古学国家急需高层次人才培养专项"联合培养单位，分别与北京大学、武汉大学等15所高校开展人才培养合作。

借助湖北省文物考古研究院、湖北省博物馆与前述单位合作的优势，依托湖北考古博物馆搭建平台，既可以开展各类考古科研合作，为出土文物的保护、阐释、研究等提供学术支撑，又可以培养专业人才，形成多方合力，实现共赢。

4.布设差异化、特色化展览，满足不同需求

湖北考古博物馆依托考古基地建成，需要根据建筑布局与结构特点设置室内展厅，并借助绿地、广场等室外公共空间打造展厅或互动体验场所；展览则需要结合其定位和馆藏特点及受众群体来设计、制作，特别是要通过差异化、特色化来避免与综合博物馆历史性展览如湖北省博物馆"曾世家""楚国八百年"和即将布设的《极目楚天——湖北古代文明》等多个基本陈列同质化的问题，既满足合作高校、科研院所文博考古专业师生的教学实践需要，也满足普通高校、行政事业单位等团体的知识需求，还能满足不同层次社会公众的基本认知和精神文化需求。

5.发挥独特优势，推进融合发展

湖北考古博物馆并非单纯意义上的博物馆，而是一个依托考古基地并集文物标本收藏、整理、保护、研究、展示与文化传播为一体的考古综合平台和公共服务场馆。同时，木兰湖基地也是国家文物局批准成立的唯一内陆水下文化遗产保护基地，除出水文物在湖北考古博物馆进行收藏、保护、展示外，还可依托旁边的木兰湖水域开展潜水训练。

此外，湖北考古博物馆位于黄陂木兰湖风景区，毗邻湖北明清古建筑博物馆，是武汉市黄陂区打造人文景区的重要一极和文旅融合的重要工程，可为景区注入不一样的旅游体验、满足多样化的旅游需求。

而二期工程不仅有文物标本库房、多种检测分析和实验室、展厅，还设计有室外考古体验场所，公共服务设施也将得到完善，建成后的综合效应将会进一步彰显。

三、湖北考古博物馆的展览设计

展览无疑是考古博物馆的核心，打造好的差异化、特色化展览也是湖北考古博物馆的重点。

1.展览主题的选择

湖北历史文化可以浓缩为一部荆楚文化史，也是长江文化和中华文明的重要组成部分，湖北历年出土、出水的文物标本也提供了实证，而湖北省文物考古研究院是国家文物局重大课题"考古中国"之"长江中游文明进程研究（夏商周时期）"的牵头单位，并参与了"中华文明探源"等多个重大项目，形成了诸多重要成果，通过考古出土文物阐释、展示荆楚文化、长江文化成为基本陈列的首要选题。

室内展厅设置在文物整理中心的一楼，总面积约1100平方米。结合被楼梯分割为三部分的实际布设三个基本陈列，每个基本陈列空间整体打通。中部面积最大，约750平方米，主题为"千年文脉——长江文明考古展·湖北"展。两侧面积差不多，分别约140平方米，一个主题为"世纪工程——三峡考古湖北成果展"，作为中国最大的水利工程——三峡工程文物保护利用成果的展示，与湖北省博物馆"永远的三峡——三峡文物保护利用数字展"相呼应；一个主题为"长江文明展（数字）"，选取出土旧石器时代至秦统一时期的代表性文物以数字形式呈现，展示长江文化的丰富多彩和多元一体的发展历程。

2.千年文脉——长江文明考古展·湖北

本展览是湖北考古博物馆的主要基本陈列，着眼于湖北考古实证"百万年的人类史、一万年的文化史、五千多年的文明史"的发展脉络，通过选取湖北地区百余处旧石器时代至秦统一前的重要考古遗存出土文物诠释长江文明从多元到一体的历史进程，在传承中弘扬荆楚文化、长江文化，赓续千年文脉。

展览内容立足学术性、科学性，兼顾通俗性、知识性。展览分为"人类起源""文明之路""夏商南土""周之南国""江汉入秦"五个部分。

"人类起源"从距今约200万年的建始人到距今约1~5万年的汉阳人，展示了湖北发现的8处旧石器时代遗址古人类化石及伴生哺乳动物化石、石器的基本情况、文化特征等，梳理了湖北古人类的发展脉络，实证了中国百万年的人类史；通过出土石器、少量哺乳动物化石展示了其他多个重要旧石器时代遗址的文化面貌，特别是平原地区发现的鸡公山遗址填补了我国旧石器时代平原居址的空白。

"文明之路"分为"满天星斗"和"文明演进"两个单元，按时间脉络和空间格局，主要通过陶器和少量石、玉器展示湖北地区"一万年的文化史，五千多年的文明史"的史前文化演进历程。距今1万年左右的长阳桅杆坪遗址到距今7500~5500年左右的新石器时代早中期众多考古遗存的发现表明，湖北史前文化呈现多元发展、"群星闪耀"格局，分别形成了四个大的相对独立的文化区域，包括鄂西南地区的城背溪文化—柳林溪文化—大溪文化体系，鄂东南地区的黄鳝嘴文化—薛家岗文化体系，江汉平原地区的边畈文化—油子岭文化体系，鄂西北地区的老官台文化—后岗一期文化—仰韶文化下王岗类型—朱家台文化体系，不同文化交流、融合，为湖北新石器时代晚期文化一统奠定了基础。距今5500年左右，脱胎于油子岭文化的屈家岭文化及继之而起的石家河文化实现了长江中游史前文化的统一，特别在屈家岭文化晚期至石家河文化早期，分布范围与影响力达到巅峰。距今4200~4000年前后进入国家文明形成的关键期，长江下游的良渚文明衰落，而中原以石峁、陶寺城址及长江中游以石家河城址为代表的大型中心聚落的出现将文明推升到了一个新高度。该部分是展览的一个重点，通过选取不同考古学文化的代表性遗址如城背溪、柳林溪、中堡岛、店子河、雕龙碑、青龙泉、边畈、龙嘴、屈家岭、城河、穆林头、凤凰咀、石家河、七里河等遗址及其出土典型陶器诠释了这一进程。

"夏商南土"分为"融入华夏""二里头文化南进"和"商人之居"三个单元，勾画了湖北地区纳入中原文明控制进而"融入华夏"并成为夏商南土的考古学实证。距今4000年前后，以肖家屋脊文化为代表的江汉地区开始融入中原文明，这一进程恰可与"禹征三苗"传说相印证，肖家屋脊等遗址出土的陶、玉器特征明显。至二里头文化时期，夏文化在南方的影响力进一步扩大，鄂西北的辽瓦店子、王树岗、顺城湾等遗址出土陶器具有典型的二里头文化特征。代夏之后，商人以盘龙城等为据点，加强了对长江以南地区的控制，盘龙城、庙台子等中心遗址出土遗物具有典型的商文化特征，同时在鄂西的荆南寺、香炉石，鄂东南的大路铺等遗址又分别呈现出复杂的文化面貌，而郭元咀遗址是长江中游地区近年发现的保存最完好、内涵最丰富的商代铸铜遗址。本部分通过陶、铜、石、玉器及部分矿石标本、冶铸遗物等进行展示。

"周之南国"分为"建于南土"和"五霸七雄"两个单元，展示了湖北地区从周王朝分封多个诸侯国到楚国统一及扩张的历史进程。灭商及之后，周王朝在湖北分封十余个诸侯国，经考古发现确认者有鄂、曾（随）、邓、楚国，还有文献无载的"长子国"和土著部族等，分别通过庙台子、周台曾国中心遗址，羊子山鄂国墓地，王家巷邓国作坊遗址和擂鼓台邓国墓地，鲁台山长子国遗址，大路铺、焦墩古越族遗址等出土陶、铜、石、玉器及矿石、铸铜遗物等进行展示。作为南方大国的楚国考古资料十分丰富，我们在简要梳理了楚国崛起、称霸的历史脉络后，选取作为都城的纪南城城址、龙湾遗址，作为别都的楚皇城城址，楚

国县邑（封邑）的邓城城址，军事堡垒或矿冶管理中心的五里界城址，矿冶中心的铜绿山遗址等重点遗址和楚王、封君、上大夫、下大夫、上士和其他分级的代表性墓葬（墓地），通过大量陶器和部分铜、漆木、石、玉器和矿石等进行展示。

"江汉入秦"部分展现了公元前278年秦拔郢、楚都东迁后湖北地区呈现出东楚西秦格局到秦统一进程、湖北地区完全融入六一统国家治理体系的考古实证。主要通过湖北中西部作为秦南郡郡治的郢城城址、邓县县治的邓城城址、安陆县治的云梦楚王城城址及其外围墓地的发现，展示秦统治下的多元文化面貌，通过湖北东部作为地方中心或军事据点的鄂王城城址、土城城址、孙郭胡城址等展示楚国控制区的文化面貌。

最后列出湖北入选中国"百年百大考古发现""中国20世纪100项考古大发现""全国十大考古新发现""中国社会科学院考古学论坛·中国考古新发现""世界考古论坛田野考古发现奖"项目，进一步反映湖北考古的重要成果。

展陈形式充分考虑空间和展品的局限性，最大程度地实现突出展览主题、达到展览目标的要求。

一是优化展厅布局。展厅四面墙体除入口、出口和两个消防通道门、两个设备间门外，全部布设墙柜或展墙，展厅中间尽量多地用展柜交错分隔出展陈空间，在保证观展效果的基础上增加展线长度。

二是高效运用展柜。整个展览使用展柜23组，包括平柜2个，用于"文明之路"1座丛葬墓和1处制陶作坊的搬迁展示；较宽大的通柜13个，分两至三排较为密集地展示文物；宽大的单面四层通柜6个，分层密集式展示文物，分别设置在"文明之路""江汉入秦"部分和"周之南国"之"五霸七雄"单元；四面六层密集展架2个，分层集中展示"夏商南土""周之南国"

部分尤其是后者"五霸七雄"单元的文物。整个展厅展出陶、铜、石、玉、木器和矿石、冶铸遗物等文物1762件，其中2个密集架展出529件。

三是充分运用展板与展墙。利用通柜背板和展柜间的墙面尽可能多地制作版面，除各部分、单元、组文字说明和相应图表外，还有部分知识性、背景性内容介绍，以让观众更好地理解展览时段的历史与文化。

四是采取按遗存单位组合展示的方式。由于展品大部分是破损修复的陶器及一些不完整的陶器标本，某种程度上缺少艺术性，但同时又是最能"敏感"反映文化面貌的典型器类。其展示即采用考古视角下同一或共生遗存单元器群组合形式，一般选取遗址、墓地典型遗迹出土器物集中展示，如屈家岭文化选取荆门城河遗址M237出土的49件具有完整组合的不同器物，以及二里头文化遗存之枣阳顺城湾遗址H1、早期楚文化遗存之宜昌万福垴遗址西周晚期G7、周代邓国文化遗存之王家巷作坊遗址春秋早期H2、秦文化遗存之云梦珍珠坡M24出土陶器群等。密集架上的陶器基本以灰坑、墓葬等为单位进行展示。即使是铜、玉器也是按照遗存单位组合展示，如商代盘龙城遗址展示江家湾M1出土的全部器物铜鼎、尊、爵、斝、钩刀和玉璧，邓国文化遗存展示春秋早期擂鼓台M2出土的铜鼎、簋、罍、卣、戈、矛、镞和玉玦、璜、珩等。旧石器时代遗存主要通过石器及共生的哺乳动物化石展示。

五是适当运用多媒体。本展览主要用实物展示，由于展示时段的内容十分丰富，在每个部分各布设一或两个多媒体装置，通过影像资料的循环播放展示相关背景、基本知识、发现概况等内容，也可通过装置进行查阅。

六是拓展展陈空间。在室内展厅外拓展出两个展陈区域。一个在展馆入口处用特制展柜展示从铜绿山遗址原样搬迁重达2吨多的春秋冶铜炼炉。一个在南广场建成面积200平方米的通透式室外展厅，展厅内设置多个展柜，分格分层展示关洲、石家河等新石器时代遗址出土的石器、陶器标本和部分考古工具。在二期建设中，将在南广场建设多个探方式浅坑，布展成考古互动场所，让观众亲手体验考古工作流程。

3.世纪工程——三峡考古湖北成果展

作为长江上中游的廊道，三峡在中国历史文化进程中占据着重要的地位。三峡文物保护工程是我国迄今为止规模最大、耗时最长的文物保护项目，考古工作者共发掘遗址723处，出土文物24万件/套。新石器时代至秦汉时期，三峡地区形成的东西对立、博弈，又互相影响、交融的两个文化圈，既体现了上下游的文化差异，又揭示了上下游持续近万年的文化互动，是中华文明多元一体进程的重要内容和生动诠释，三峡考古工作揭示并印证了这一过程。

展览分为"大江之中""巴楚之地""千年走廊"三个部分，选取陶、瓷、铜器及石刻拓片近百件，概要介绍三峡地区新石器时代考古学文化、巴楚文化和统一多民族国家形成后的文化面貌，通过扎实而丰富的考古成果，历时性展示这一区域在长江文明乃至中华文明形成和发展中的重要地位。

4.长江文明展（数字）

在历史长河中，长江流域的先民孕育和创造了光辉灿烂的文化。遥远时代的元谋人、郧县人，证明长江流域是古人类起源的重要区域；迄今为止最早的陶器，最早的栽培稻，最早的古城，最早的独木舟，最早的干栏式建筑，最早的水井，都是长江流域给予全人类的贡献。夏商周三朝，湖北大冶、安徽铜陵、江西瑞昌等地的优质铜矿，是青铜器的原料产地；而惊采绝艳的楚文化，也在茁壮成长的过程中不断融会贯通，最终集中了东周文化的一大半精华。

展览分为"文明之光""金道锡行""礼乐中国""异

彩纷呈""交融和合"五个单元,选取长江沿线各大博物馆各时段的化石、石器、陶器、玉器、青铜器、漆木器、竹简木牍等100余件藏品进行数字化展示。这是先秦时期长江文明的第一个数字展览,也是湖北省博物馆第一个手机端的数字展览,可以让大家对长江文明有更多的认识,对全面了解中华文明起到一定的推进作用。

此外,还专门设置了一个20平方米的小型展室,通过图版和多媒体展示"考古中国"重大项目之"长江中游文明进程研究(夏商周时期)"的背景、进展和成果。还设立展柜展示了水下文化遗产保护在长江打捞的马当沉船和丹江库区出水的部分文物。

四、湖北考古博物馆开放前后的初步效应

作为湖北考古博物馆改建前的"海峡两岸考古教学交流基地",这里分别在2018、2019年接待了两批海峡两岸考古教学交流基地夏令营成员100余名。2020至2022年虽因疫情暂时中断,但举办了两届"走进历史,纪行荆楚"海峡两岸文博创意设计大赛,均得到了两岸青年学子、少年儿童的积极响应,取得圆满成功。

同时,湖北考古博物馆开馆前即已成为北京大学、武汉大学等15所高校和湖北省社会科学院楚文化研究所的实习实训基地,成为高校、科研院所文博专业学生人才培养的重要实践场所。开馆前后,国家文物局、湖北省政府、中国博物馆协会、中国考古学会领导赴博物馆考察调研,对湖北考古博物馆的设立给予充分肯定。开馆前,国家文物局发来了贺信,多名著名考古学家发来了祝贺视频。

湖北考古博物馆向社会开放后基于功能和使命实行差异化错峰开放,每周二至四对高校文博类专业师生团队开放,以适应作为相关高校和科研院所实习实训基地的教学实践需要;每周五、六对社会公众预约开放,主要考虑因素是目前从黄陂区到木兰乡的公共交通尚不方便。

2022年6月开放后,受到多次疫情影响,团队和观众参观时间基本集中在7月至9月的部分时段。一是迎来业内专家同仁的深度工作交流、学术对话,接待了省内武汉博物馆、辛亥革命博物院、襄阳市文物考古研究所、郧阳区博物馆、潜江市龙湾遗址文物管理处,省外中国博物馆协会、中国社科院考古研究所二里头工作队、陕西省文物局、四川博物院、金沙遗址博物院、成都博物馆、南京市博物总馆等文博机构专家同仁200余人次。二是接待相关行政、事业单位和企业团队参观交流,包括湖北省委党校、湖北省社会主义学院、湖北省社会科学界联合会、武汉市政协、工商银行湖北分行等团队人员200余人次。三是接待合作共建文博实习实训基地的北京大学、武汉大学、华中师范大学、湖北大学等高校文博、考古学院(系)和其他高校历史学院(系)师生300余人次;四是接待社会观众千余人次。

湖北考古博物馆还成为媒体争相报道、取景的重要场所,相关活动和内容经由湖北电视台、武汉电视台、黄陂电视台和人民日报海外版、中国文化报、中国文物报、湖北日报、长江日报、澎湃新闻等20余家媒体进行了报道,有的还进行了深度追踪,也成为中央电视总台大型记录片《寻古中国·云梦记》的取材地之一。

湖北考古博物馆还开展线上直播,开馆当天上午的基本陈列讲解直播观众达179万余人次。"长江文明展(数字)"通过线上展览面向社会,截至2022年12月底观看量逾5万人次。

开放后的湖北考古博物馆已成为黄陂区对外文化旅游的一个重要窗口和木兰湖风景区新的"打卡地",其建设和开放的效应正在逐步显现。

千年文脉

长江文明考古展·湖北

前言

　　长江，中国第一大河，与黄河并称中华民族的母亲河，它"造就了从巴山蜀水到江南水乡的千年文脉"，孕育的"荆楚文化是悠久的中华文明的重要组成部分，在中华文明发展史上地位举足轻重"。近70年来，湖北考古工作者依托国家大遗址、"中华文明探源"、"考古中国"等主动考古项目，配合三峡、南水北调、高速公路、高速铁路等国家重大工程及各项基本建设项目开展考古工作，取得了举世瞩目的成就，21项发现入选"全国十大考古新发现"和中国社会科学院考古学论坛中国考古新发现，6项入选"百年百大考古新发现"，为阐释百万年的人类史、一万年的文化史、五千多年的文明史和多元一体中华文明的形成、发展提供了强有力的支撑，展示了荆楚文化的深厚底蕴、长江文明的湖北高度，也为长江文明的传播作出了湖北贡献。

黄龙洞遗址

白龙洞遗址　　　梅铺猿人遗址

　　　　郧县人遗址　大寺遗址
庹家洲遗址　　　　　　　　　　　李营遗址
　　　　　　　　　　　青龙泉遗址
乔家院墓地　　江瓦店子遗址　　　　丹江口水库　石鼓遗址群
　　　　　　　　　　　　　　　　　　朱家台遗址

◎十堰市

　　　　　　　　　　　　　　　　　　　　　凤凰咀遗址
　　　　　　　　　　　　　　　　　　九里山秦墓
　　　　　　　　　　　　　　　擂鼓台墓地　　王坡墓地　山湾墓地
七里河遗址　　　　　　　　　　　邓城城址　　周家岗遗址
樟脑洞遗址　　　　　　　　　　　　　　　　　　陈坡遗址墓地
　　　　　　　　　　　　　　　　　　　　　　真武山遗址
襄阳市◎

　　　　　　　　　　　　　　　　　　王树岗遗址

　　　　　　　　　　　　　　　郭家岗遗址　　　楚皇城遗址
　　　　　　　　　　　　　　　雷家坡秦墓　　顾城城址

　　　　　　　　　　穆林头遗址

　　　　　　　　　　　　　　　　　　　　乱葬岗遗址

◎荆门市

巫峡　西陵峡
　　　长江
柳林溪遗址　　　　翠家坨遗址　　　　岳飞城遗址　　左家墓地
　　　　　　　中堡岛遗址　　　磨盘山遗址
三峡水库　　白庙遗址　　　赵家湖墓地　　曹家岗墓地
　　　　　　　　葛洲坝　　　　　　熊家家楚墓　　包山楚墓　城
建始人遗址　　　　　◎宜昌市　　　　季家湖城址　　纪山楚墓群
　　　　　　　　　　　　　　　　　关庙山遗址　望山楚墓　郭店楚墓
榔杆坪遗址　　　　　　　　　　城背溪遗址　　沙家　马山墓地　九店墓地
香炉石遗址　　　　果酒岩遗址　万福垴遗址　　　纪南城城址　　严仓楚墓　汪
清江　　　　　　　　　　　　　　　周南寺遗址　郧城城址◎　　汪
◎恩施土家族苗族自治州　　　　　　　　　　荆州市　　周梁玉桥遗
　　　　　　　　　　　　长阳人地点　　九道河遗址

湖北省旧石器时代至秦统一六国前
重要文化遗存分布示意图

郧县人遗址发掘现场

壹

· 人类起源

"我们是谁""我们从哪里来""我们到哪里去",是探索人类起源的首要问题。人类起源经历了南方古猿、能人、直立人、智人(早期智人、晚期智人)四个发展阶段。"最新考古成果表明,我国是东方人类的故乡,同非洲并列人类起源最早之地。"早期人类化石的发现使湖北成为探索人类起源的重要地区。

第一单元

湖北境内的古人类

湖北是我国发现古人类化石遗存最多的地区之一，境内发现的古人类化石遗址数量多，时代跨度长，发现了自距今200余万年的直立人建始人至距今1万多年的晚期智人汉阳人。

建始人

建始人遗址位于建始县高坪镇金塘村东南的巨猿洞。出土6枚牙齿化石，鉴定为人类旁支的魁人属，古爪哇魁人种。建始人距今215万年至195万年，"是我国，也是亚洲大陆上第一个时代这样老的有6颗牙齿作为证据的古人类"。伴出87种哺乳动物化石，出土较原始的小型打制石器。

△ 建始人遗址出土古人类牙齿化石

△ 建始人遗址出土鹿牙化石

△ 建始人遗址出土燧石石器

名称	地理位置	人类化石	哺乳动物化石	石器	距今年代（万年）
建始人遗址	建始县高坪镇金塘村巨猿洞	6枚牙齿化石，为人类旁支的魁人属	87种	小型刮削器、尖状器、雕刻器和石锤	215～195
郧县人遗址	十堰市郧阳区青曲镇弥陀寺村学堂梁子	两具头骨化石，属直立人类型	西藏黑熊、拟獾、鬣狗（桑氏鬣狗）、似剑齿虎、巨颏剑齿虎、贡巴祖虎、大熊猫、裴氏猫、猪獾、东方剑齿象、独角中国犀、中国貘、云南马、李氏野猪、原河猪（小猪）、水牛、短角丽牛、秀丽黑鹿、麂属、大角鹿、葛氏斑鹿、金丝猴等	砍砸器、手镐、手斧、刮削器、凹缺刮器和锯齿状器	100
梅铺人遗址	十堰市郧阳区梅铺镇西寺沟口村龙骨洞	4枚牙齿化石，属直立人类型	大熊猫、桑氏鬣狗、嵌齿象、剑齿象、马、貘、犀、小猪等20多种	仅1枚石核	早更新世，不晚于郧县人
白龙洞人遗址	郧西县安家镇白龙洞	7枚牙齿化石，属直立人类型	剑齿虎、更新猎豹、桑氏鬣狗、爪哇豺、武陵山大熊猫、剑齿象、中国貘、中国犀、云南水鹿、凤岐祖鹿、华丽黑鹿、苏门羚、青羊、广西巨羊、羚牛、短角丽牛、水牛、裴氏猪、竹鼠、豪猪、猪獾、大灵猫、熊、猫、虎、果子狸、狼、麂、麝等	刮削器、雕刻器、砍砸器	早更新世晚期，时代接近郧县人
长阳人遗址	长阳土家族自治县赵家堰乡黄家塘村下钟家湾	1枚上颌骨、1枚牙齿化石，属早期智人类型	豪猪、竹鼠、古豺、豺、小熊、熊猫、虎、猫科、獾、中国鬣狗、东方剑齿象、巨貘、中国犀、猪、牛、鹿等		20
黄龙洞人遗址	郧西县香口乡李师关村溶洞	7枚牙齿化石，属早期智人类型	东方剑齿象、古爪哇豺、最后斑鬣狗、大熊猫巴氏亚种、华南巨貘、中国犀、华南虎、水鹿、丽牛等83种	刮削器、砍砸器、尖刃器、雕刻器和石锤	10
果酒岩人遗址	长阳土家族自治县龙舟坪镇果酒岩村溶洞	头骨残片30余片，以及肢骨多片，属早期智人类型	零碎的猪牙、鹿牙和牛牙		晚更新世晚期
汉阳人遗址	武汉市蔡甸区纱帽镇长江边沙滩	1枚头盖骨，属晚期智人类型			5～1

郧县人

郧县人遗址位于十堰市郧阳区青曲镇弥陀寺村汉水左岸曲远河口的学堂梁子上。1989 年发现一具基本完整的远古人类颅骨化石 —— 郧县人 I 号颅骨。经过 1990～2022 年十次发掘，除发现郧县人 II、III 号头骨外，还出土了大量石制品和伴生哺乳动物化石。郧县人 I、II、III 号头骨年代距今约 100 万年，是更新世早期直立人化石，它们是我国近数十年古人类学最重要的发现之一。

△ 郧县人 I 号头骨化石

△ 郧县人Ⅱ号头骨化石

貘左下颌骨

鹿角

野猪上颌骨

鹿头骨

犀肱骨

△ 郧县人遗址出土哺乳动物化石

△ 郧县人遗址出土石器

长阳人

长阳人遗址位于长阳土家族自治县赵家堰乡黄家塘村下钟家湾。先后发现古人类上颌骨化石、左下第二前臼齿化石各1枚,伴出较多的哺乳动物化石。属早期智人类型,年代距今约20万年。

△ 长阳人上颌骨、牙齿化石

△ 长阳人遗址出土动物化石

汉阳人

汉阳人头骨化石于 1997 年在武汉市蔡甸区纱帽镇长江边沙滩上发现，原生地层不详。化石保存有额骨和左、右顶骨，额骨保存了整个鳞部和右侧眉脊中段，左侧顶骨乳突角破损，右侧顶骨颞缘有破损。枕骨沿人字缝脱失，冠状缝清晰，矢状缝基本愈合。推测该个体年龄大约在 25 至 35 岁之间，可能为女性，属晚期智人类型，年代距今约 5 万年至 1 万年。

△ 汉阳人头骨化石

第二单元

湖北重要旧石器时代遗址

　　旧石器时代是人类历史经历的第一个阶段，地质时代属上新世晚期更新世，距今约300万年至1.2万年。早期人类中的直立人、智人就处于这个阶段。中国旧石器时代遗址分布范围广，数量多。湖北地区发现旧石器时代文化遗址200余处，主要分布在鄂西北、鄂西南山区，江汉平原和鄂东南极少。这些遗址以距今约15万年为界，可分为旧石器时代早、晚两个阶段。

石龙头遗址

　　石龙头遗址位于黄石市西塞山区河口镇龙山村下刘湾的石灰岩裂隙式洞穴内，面积约20平方米。经过两次发掘，堆积分三层。出土了一批石制品和哺乳动物化石。时代为旧石器时代早期晚段，年代距今37.5万年至18.2万年。

△ 石龙头遗址出土石器

△ 石龙头遗址出土动物化石

△ 湖北旧石器时代遗址分布示意图

 鸡公山遗址 ▬▬▬▬▬▬

鸡公山遗址位于荆州市荆州区郢城镇郢北村鸡公山。面积约1000平方米，文化层厚0.6～0.75米，1992年发掘。堆积分上、下两层。上层出土石制品近500件，绝大部分是小型刮削器和尖状器，年代距今约2万年至1万年；下层是遗址主体，清理出面积约500平方米的人类居住活动面，发现五处由砾石围成的圆形石圈和脚窝遗迹，南面两处石器加工区出土有刮削器、尖状器、砍砸器等石器，以及石器加工工具如石锤、砧等，还出土了大量石核、石片，年代距今约5万年至4万年。该遗址是一处长期使用并保存完好的石器制作场，是我国首次揭示的旧石器时代人类在平原活动的历史遗迹，填补了我国旧石器时代平原居址的空白。

△ 鸡公山遗址遗址发掘现场

△ 鸡公山遗址石器制作场平面示意图

△ 鸡公山遗址出土石器

樟脑洞遗址

樟脑洞遗址位于房县中坝乡上坝村灰岩溶洞内。面积约35平方米。1986年发掘，堆积分五层，第2~4层出土石核、石片、砍砸器、刮削器等石制品2000余件；伴生动物化石有大熊猫、剑齿象、梅氏犀、巨貘、苏门羚、鹿、羊等13种，分属5个目，属大熊猫—剑齿象动物群。年代距今约1.3万年。

△ 樟脑洞遗址出土石器

石鼓遗址

石鼓遗址位于丹江口市石鼓镇石鼓河一级台地上。面积约500平方米，堆积厚约3米，分四层。在红色砂质黏土中采集有动物化石和石制品。动物化石有鬣狗、犀、虎、猪、鹿、牛的牙齿和破碎骨片。石制品有石核、石片、砍砸器和刮削器等，原料以燧石为主。时代属于旧石器时代晚期。

犀牛牙化石

牛牙化石

虎牙化石

△ 石鼓遗址出土哺乳动物化石

△ 石鼓遗址出土石器

九道河遗址

九道河遗址位于宜都市枝城镇九道河村灰岩溶洞中。1986年发现，经过三次发掘。洞内堆积厚3～5米，分四层。其中第三层出土500余件遗物，石制品有砍砸器、刮削器、石核、石片等；原料以石英岩为主，少量为燧石结核，加工方法均为锤击法。伴出动物化石种属有豪猪、熊猫、中国鬣狗、东方剑齿象、犀、巨貘、牛、鹿等，属大熊猫—剑齿象动物群。时代属于旧石器时代晚期。

△ 九道河遗址出土貘上颌骨化石

△ 九道河遗址出土牛上牙床化石

△ 九道河遗址出土石器

印信台遗址全景

贰

·文明之路

距今 1.2 万年左右，人类社会进入新石器时代。湖北地区的新石器时代考古学文化经历了由群星闪耀、多元发展，到屈家岭、石家河文化实现区域统一，再到被南下的"煤山文化"同化，汇入华夏文明的过程。

第一单元

满天星斗

在距今 1.2 万年至 1 万年的旧、新石器时代过渡时期，长江中游地区存在着江西万年仙人洞吊桶环遗址、湖南道县玉蟾岩遗址、湖北长阳桅杆坪遗址等，是长江流域最早进入新石器时代的遗存。

到新石器时代早中期（距今约 7500～5500 年），湖北史前文化呈现多元发展、群星闪耀的格局，鄂西南、鄂西北、鄂东南、江汉平原地区分别形成了相对独立的文化体系，不同文化交流、融合，为湖北地区新石器时代晚期文化一统奠定了基础。

中国主要区域新石器时代文化发展序列

长江中游				距今年代
鄂西南	江汉平原	鄂东南	鄂西北	
城背溪			老官台	7500～6800
柳林溪	边畈	黄鳝嘴 薛家岗	后岗一期 下王岗二期	6800～6000
大溪	油子岭			6000～5500
屈家岭			朱家台	5500～5300
				5300～4500
石家河				4500～4200
肖家屋脊				4200～3800

长江下游	距今年代
河姆渡	7500～6800
崧泽	6800～5500
马家浜	5500～5300
良渚	5300～4200
钱山漾	4200～3800

黄河中游	距今年代
老官台、裴李岗	7500～6800
仰韶	6800～5300
西王村	5300～4500
庙底沟二期	4500～4200
煤山	4200～3800

△ 湖北地形与文化格局示意图

〔第一组〕

鄂西南地区

　　鄂西南地区南邻洞庭湖平原，西接长江三峡，是联接湖北与湖南、长江中游与上游的通道。新石器时代早中期，鄂西南是湖北史前文化中心，发现了距今1万年左右的桅杆坪遗址。距今7500年之后，城背溪、柳林溪、大溪文化相继发展。大溪文化实现了江汉平原西部、洞庭湖平原、峡江地区考古学文化面貌的统一，出现了玉器和大型农业聚落，是长江中游文化发展的第一个高峰。

⌂ 桅杆坪遗址

　　桅杆坪遗址位于长阳土家族自治县渔峡口镇赵家湾村清江南岸，文化层遭严重破坏。现地层分五层，清理出灰坑、房基、墓葬，时代为新石器时代初期至大溪文化晚期，跨度达近5000年。其中新石器时代初期遗存为遗址第五层，出土石铲、锤、片和10余块铁矿石，以及1件角器、1块黑色篮纹陶片，经放射性碳素测定，其绝对年代为距今10070±190年，是湖北发现的最早的新石器时代文化遗存。

△ 桅杆坪遗址远景

△ 桅杆坪遗址发掘情况

砺石

石锤

刮削器　　　　　被烧过的鹿角

△ 桅杆坪遗址出土新石器时代初期遗物

城背溪文化

城背溪文化主要分布于西陵峡与江汉平原西部，遗址多位于长江两岸，年代距今约7500～6800年。城背溪文化源于彭头山文化，生业经济以定居农业为主。其陶器制作水平不高，以泥饼拼筑法为主；夹炭夹砂陶约占90.57%，主要器类有釜、罐、支座、盘、钵等。生产工具基本为石器，有打、磨制之别，器类有斧、锛、铲、刀等。东门头遗址（距今约7700～7500年）采集的"太阳人"石刻表明当时可能存在太阳崇拜。

△ "太阳人"石刻拓片

◆『太阳人』石刻1998年发现于宜昌市秭归县东门头遗址，长115、宽20、厚12厘米。石板上阴刻线条简洁的人像，其腰两侧刻划星辰，头上方刻有二十三条光芒的太阳。『太阳人』石刻距今约7000年，是目前我国境内发现的最早反映太阳崇拜的文物。

△ 城背溪文化遗址分布示意图

△ 城背溪遗址出土陶器

柳林溪文化

柳林溪文化由城背溪文化发展而来，年代距今约6800～6000年。陶器组合继承城背溪文化，但支座上出现了繁缛装饰，也出现了彩陶。峡江上、下游生业经济可能存在旱作和狩猎、采集之别。柳林溪遗址发现了大量刻画符号和圆雕石人像，暗示原始艺术已经起步。

△ 柳林溪文化遗址分布示意图

△ 柳林溪遗址出土圆雕石人像

△ 柳林溪文化典型陶器

△ 三斗坪遗址出土柳林溪文化陶支座

△ 柳林溪遗址 T5 第④层出土柳林溪文化陶器

△ 柳林溪遗址 T4 第④层出土柳林溪文化陶器

大溪文化

大溪文化由柳林溪文化发展而来，年代距今约6000～5000年。大溪文化陶器普遍采用泥条盘筑法，后经慢轮修整成型；圈足器最多，圜底器、平底器次之，三足器所占比例最低；同时发现了少量乐器和长江中游最早的玉器。关庙山遗址发现的大溪文化红烧土房屋，是这一时期建筑的杰出代表。大溪文化是长江中游文化发展的第一个高峰，为后续屈家岭、石家河文化更大范围的考古学文化统一奠定了基础。这一时期，长江中游与周边地区通过绿松石、玉器、彩陶等已经产生了广泛的联系。

△ 大溪文化遗址分布示意图

△ 大溪文化典型陶器

△ 白狮湾遗址出土大溪文化陶器

△ 中堡岛遗址出土大溪文化陶器

△ 西寺坪遗址出土大溪文化陶器

〔第二组〕

鄂西北地区

鄂西北地区紧邻南阳盆地，是史前沟通黄河、长江流域的咽喉之地。这一时期，黄河流域的老官台文化、后岗一期文化和仰韶文化半坡类型、庙底沟类型先后南下主导鄂西北地区考古学文化面貌。直到朱家台文化出现，才实现了文化的本土化发展。

鄂西北地区新石器时代文化对照表

考古学文化	老官台文化	后岗一期文化	仰韶文化下王岗二期类型	朱家台文化
绝对年代	距今 7500～6800 年	距今 6800～6000 年	距今 6000～5500 年	距今 5500～5300 年
分布区域	渭水流域和汉水上游	冀南、豫北、豫中、豫西南、鄂西北	豫西南、鄂西北	豫西南、鄂西北
陶器特征	以夹砂红褐陶为主，泥质红褐陶次之。纹饰以绳纹、素面为主。组合以罐、钵、三足钵、小口广肩壶等为主	以夹砂红褐陶为主，泥质红褐陶次之。纹饰以素面为主。组合以钵、鼎、罐等为主	以夹砂红褐陶为主，泥质红褐陶次之。纹饰以绳纹为主，彩绘次之。组合以鼎、罐、瓮、盆、钵等为主	以夹砂灰陶为主，泥质灰陶次之。纹饰以素面为主，弦纹次之。组合以鼎、罐、钵、盆、瓮、器盖等为主
定位	鄂西北最早的新石器时代遗存	中原文化系统对长江流域的影响		鄂西北区域文化特色形成

老官台文化

老官台文化（距今约7500～6800年）主要分布于渭水流域和汉水上游，是该区域最早的旱作农业遗存。湖北境内目前仅发现庹家洲遗址一处，陶器主要有筒腹罐、圆腹罐、鼓腹罐、圜底钵、平底钵、三足钵、碗、小口广肩壶、器盖等，文化面貌与汉水上游一致。同时，鄂西南地区的城背溪文化中也发现了老官台文化因素。

△ 老官台文化遗址分布示意图

△ 廣家洲遺址出土老官台文化陶片

△ 廣家洲遺址出土老官台文化典型陶器

后岗一期文化（距今约6800～6000年）主要分布于豫北冀南、豫中、豫西南、鄂西北地区。典型陶器以泥质红陶为主，主要器类有鼎、钵、碗、罐、支座、盆、鼓等，与以彩陶为主的仰韶文化形成了鲜明对比。

图 例

● 后岗一期文化
● 仰韶文化下王岗二期类型
● 朱家台文化

△ 后岗一期文化（湖北）、仰韶文化下王岗二期类型、朱家台文化遗址分布示意图

△ 后冈一期文化典型器物

△ 店子河遗址出土后冈一期文化陶器

仰韶文化下王岗二期类型

仰韶文化下王岗二期类型主要发现于随枣走廊、鄂西北及豫西南地区。距今6000～5500年左右，仰韶文化向长江流域扩散，在鄂西北形成了下王岗二期类型，它兼具后岗一期文化和仰韶文化半坡类型、庙底沟类型陶器风格。其陶器以夹砂陶为主，泥质陶稍少；纹饰以斜向绳纹最多，彩陶较常见；器形以小口尖底瓶、鼎、深腹罐、瓮、盆、钵、锉、器座、器盖等为主。

△ 仰韶文化下王岗二期类型典型陶器

△ 雕龙碑遗址出土仰韶文化下王岗二期类型陶器

△ 大寺遗址出土仰韶文化下王岗二期类型陶器

△ 大寺遗址 H85 出土仰韶文化下王岗二期类型陶器

朱家台文化

朱家台文化（距今约5500～5300年）主要分布于鄂西北、豫西南地区。陶器多夹砂陶，其次为泥质陶，以灰陶为主；器表多素面，纹饰多为弦纹，并有附加堆纹、乳突纹、按窝纹等，还有少量彩陶；器类有鼎、罐、钵、盆、瓮、器盖等。

△ 朱家台文化典型陶器

△ 青龙泉遗址出土朱家台文化陶器

〔第三组〕

鄂东南地区

鄂东南地区是长江中、下游文化交流的廊道。受长江下游文化影响，鄂东南地区先后形成了黄鳝嘴文化、薛家岗文化。到屈家岭文化时期，这一区域纳入长江中游文化圈。

△ 黄鳝嘴文化遗址分布示意图

黄鳝嘴文化

黄鳝嘴文化（距今约6300～5500年）主要分布于皖西南与鄂东南地区。居址、墓葬出土陶器陶质陶色基本相同，但装饰方式存在一定差异。居址出土陶器以素面为主，墓葬出土陶器有纹饰者占大半。该文化发现了一定数量的玉器，其造型、制作工艺与长江下游的考古学文化有一定联系。

△ 黄鳝嘴文化典型陶器

△ 黄鳝嘴文化典型玉器

薛家岗文化

薛家岗文化(距今约5500~5000年)主要分布于皖西南、鄂东南、赣北区域,分别形成了薛家岗文化的三种类型,即皖西南的薛家岗类型、鄂东南的鼓山类型、赣北的郑家坳类型。薛家岗文化的形成与黄鳝嘴文化、崧泽文化、北阴阳营文化都有一定关系,发展过程中受东方考古学文化影响更为明显;晚期则北方的影响相对增加,同时薛家岗文化的若干文化因素也开始向外传播。

△ 薛家岗文化典型陶器

△ 薛家岗文化遗址分布示意图

△ 薛家岗文化石钺、穿孔石刀

△ 薛家岗文化玉器

〔第四组〕
江汉平原地区

距今 6800 年前后，受黄河流域和洞庭湖平原考古学文化的影响，江汉平原地区形成了独特的文化体系。漫彩彩绘技术的发明，以扣碗为特征的祭祀仪式，以及长江中游第一座城址的出现等，显示其文化的创造性。日趋复杂的社会结构，为后续长江中游史前文化的勃兴和扩张奠定了基础。

▲▲ 边畈文化

边畈文化（距今约 6800～6000 年）仅见于钟祥边畈遗址。陶器以粗泥陶为主，陶色中红色占 80% 至 90%，大部分涂红衣；主要器类有鼎、釜、钵、盆、罐、豆、碗、器座等。边畈文化的形成明显受到了洞庭湖、长江中游等地区文化的影响。

边畈遗址典型陶器与其他遗址出土同类器对比

分类	边畈遗址	其他遗址出土同类器
第一类		 关庙山遗址
第二类		 汤家岗遗址　　店子河遗址
第三类		 沟湾遗址　　　下王岗遗址

△ 边畈遗址边畈文化 M157 出土陶鼎

油子岭文化

油子岭文化（距今约6000～5500年）以京山油子岭遗址命名，形成于距今约6000年的汉东地区，它的兴起标志着长江中游新石器时代文化发展进入加速阶段。一方面，社会生产力明显提升，如制陶中慢轮修整技术出现，新出现了玉器加工制作技术；另一方面，社会复杂程度显著增加，遗址数量及人口大大增加，大型聚落出现。墓葬随葬品显示贫富差距明显。后段遗存集中于汉东地区京山、天门一带，天门龙嘴遗址是其中心。其影响东至黄冈一带；向西扩展至汉西，并进一步延伸至巫峡一带；向南越过长江到达洞庭湖北部及沅水中游；向西北渗透到汉水中上游，为之后屈家岭—石家河文化的鼎盛奠定了基础。

△ 油子岭文化主要遗址分布示意图

油子岭文化典型陶器

油子岭文化早期

油子岭文化晚期

龙嘴遗址

龙嘴遗址位于天门市石家河镇龙嘴岗地南端，遗存以油子岭文化为主，发现城址1座。城垣依地势而建，平面近圆形，面积约8.2万平方米。三面环湖，一面为壕。城垣分两期筑成，早期可能与防水有关。城内清理出房址、灰坑、灰沟、土坑墓、瓮棺葬等遗迹。出土陶器以泥质红衣红陶为大宗，多为复合纹饰，彩陶所占比例不高，蛋壳彩陶是这一时期高超制陶工艺的体现。另发现了4件玉器。遗存中存在诸如雕龙碑二期文化、汤家岗文化、大溪文化等同时期其他考古学文化因素。

△ 龙嘴遗址出土油子岭文化早期陶器

△ 龙嘴遗址出土油子岭文化早期陶器

寨子山遗址

寨子山遗址位于钟祥市洋梓镇大桥村，面积约10万平方米。第一次发掘揭示新石器时代房址9座、墓葬49座（含瓮棺葬）、灰坑80个、灶址1座。遗址涵盖油子岭文化早、晚期，屈家岭文化早、晚期和石家河文化早期五个时段。其中油子岭文化晚期墓葬揭示出的分器合葬、一次和二次混合葬、随葬陶器明器化、随葬大量猪下颌等现象，对于探究当时的人群关系、丧葬制度、经济水平和文化交流，以及早期社会的复杂化，提供了新的材料。

△ 寨子山遗址地形

△ 寨子山遗址第四发掘区 M19

△ 寨子山遗址油子岭文化晚期 M27 出土陶器组合

△ 寨子山遗址油子岭文化晚期 M32 出土陶器组合

第二单元

文明演进

　　距今 5500 年左右，湖北地区的四个文化系统开始整合。脱胎于油子岭文化的屈家岭文化及继之而起的石家河文化代表了长江中游史前文化的巅峰，分布范围与影响力空前扩大。

　　距今 4200～4000 年前后进入国家文明形成的关键期，长江下游的良渚文明衰落，而中原以石峁、陶寺城址及长江中游以石家河城址为代表的大型中心聚落的出现，将文明推升到了一个新高度。

△ 长江中游文化重心转移示意图

△ 长江中游史前城址分布示意图

〔第一组〕

屈家岭文化

屈家岭文化是距今 5300 年前后在油子岭文化基础上兴起，并广泛分布于长江中游的考古学文化。其形成后迅速扩张，向北深入中原腹地，在豫南留下了大量遗址；向南沿沅水等河流直达湘西南的怀化一带；向西北不仅占据了此前一直是中原文化分布区的鄂西北丹江库区，也进入陕南、豫西南等地；向西则一举瓦解了分布在江汉平原西部和三峡地区的大溪文化。屈家岭文化首次统一了长江中游及周边地区，将鄂西南的大溪文化系统、鄂西北的仰韶文化系统整合起来。

典型遗址见于京山屈家岭、天门石家河、宜昌杨家湾、宜昌中堡岛、巴东李家湾、郧阳青龙泉、武昌放鹰台、孝感叶家庙、澧县城头山、怀化高坎等。陶器以双腹鼎、双腹豆、双腹碗、敞口杯、壶、高领罐、高圈足杯、缸、盆等为基本组合，红陶杯、彩陶壶、双腹器为特色器物。

△ 屈家岭文化分布范围示意图
（资料来源：孟原召《屈家岭文化的北渐》）

▷屈家岭文化北扩遗址分布示意图

I 鄂北豫西南地区	1. 大寺	2. 青龙泉	3. 黄楝树
II 陕西东南部	4. 雷嘴	5. 下王岗	6. 下集
III 豫南地区	7. 双河镇	8. 埠口	9. 黑龙庙
IV 豫中地区	10. 八里岗	11. 凤凰山	12. 邓禹台
V 晋南地区	13. 光武台	14. 翟官坟	15. 西高营
	16. 影坑	17. 寨茨岗	18. 金汤寨
	19. 大张庄	20. 赵湾	21. 黄山
① 沙洋马家垸	22. 茅草寺	23. 陡坡嘴	24. 闵岗
② 天门石家河	25. 阳山	26. 三里店	27. 李上湾
③ 江陵阴湘城	28. 沙家	29. 党楼	30. 杨庄
④ 公安鸡鸣城	31. 荆树坟	32. 三所楼	33. 庾原
⑤ 澧县城头山	34. 紫荆	35. 红号	36. 张家庄
⑥ 澧县鸡叫城	37. 中山寨	38. 煤山	39. 谷水河
⑦ 石首走马岭	40. 杨村	41. 楚湾	42. 大河村
	43. 西山	44. 里沟	45. 南砦
	46. 王湾	47. 西沃	48. 许村
	49. 天马 - 曲村		

●● 受屈家岭文化影响的地区　■ 古代遗址
∴ 屈家岭文化早期遗址　▲ 屈家岭文化晚期遗址

屈家岭遗址

该遗址为屈家岭文化的命名地，也是湖北考古肇始之地，位于荆门市屈家岭管理区和京山市雁门口镇高墩村。总面积2.84平方公里，是以屈家岭遗址点为核心的大型环壕聚落。1955至1957年进行了两次发掘，发现并命名了"屈家岭文化"。之后的发掘揭露了一批油子岭文化、屈家岭文化、石家河文化遗存。从油子岭文化早期至石家河文化晚期，屈家岭遗址始终是以稻为主、粟为辅的农业经济结构；遗址内发现了天然铜矿石，部分矿石表面和内部发现黑色氧化铜。

△ 屈家岭遗址地形及遗址点分布图

△ 屈家岭遗址 2016 年出土的天然铜矿石

△ 屈家岭遗址 2017 年发掘 H36 出土屈家岭文化陶器组合

△ 屈家岭遗址出土屈家岭文化早期陶器

城河遗址

城河遗址位于荆门市沙洋县后港镇双村、龙垱村，遗址总面积约70万平方米。经过2012至2019年多次发掘和重点勘探，明确该遗址为屈家岭—石家河文化的重要城址，发现了城址内外的人工水系结构，以及城内一般性居址、陶器生产区、中心"广场"设施、大型院落式建筑及其附属设施，此外还有与仪式性活动相关的特殊遗存等。北城垣外王家塝地点发掘屈家岭文化墓葬235座、陶器坑3个，取得了重要收获。

△ 城河遗址地形、城垣布局及王家塝墓地位置示意图

△ 王家塝墓地 M237 墓圹

△ 王家塝墓地 M237 出土屈家岭文化早期陶器

穆林头遗址

穆林头遗址位于襄阳市保康县马良镇紫阳村沮水北岸的小盆地内，面积约8万平方米。2017至2018年发掘清理屈家岭文化房址3座、墓葬22座等。墓葬中出土了一批精美的玉器和骨器。玉器有钺、璇玑、斧、管等，骨器有象牙管、骨锥等，其中玉钺、璇玑、象牙管属屈家岭文化的首次发现。

△ 穆林头遗址屈家岭文化晚期 M21 出土陶器

△ 穆林头遗址出土典型陶器

△ 穆林头遗址出土屈家岭文化玉石器

凤凰咀遗址

凤凰咀遗址地处汉水中游、南阳盆地南缘，行政区划上属于襄阳市襄州区龙王镇前王、闫营两村。遗址位于不规则形台地上，是一处平面近方形的城址，四周有城垣，外有护城河环绕，城址面积约14万平方米。发掘清理出房址、灰坑、红烧土堆积、瓮棺、陶窑等遗迹和陶、石、玉、骨器等遗物。年代涉及屈家岭文化、石家河文化和肖家屋脊文化三个时期。

△ 凤凰咀遗址城址与附属遗址布局

— 凤凰咀遗址出土典型陶器 —

△ 凤凰咀遗址出土屈家岭文化陶器

〔第二组〕

石家河文化

石家河文化以石家河遗址命名，距今约 4500 年时兴起于长江中游，在空间分布及文化内涵上，可视为对屈家岭文化的直接继承与延续。其形成还受到了长江下游、黄河流域同时期考古学文化的影响。新出现的盆形鼎、深腹缸、腰鼓罐、擂钵、鬶、盉等为其特色器物。

△ 石家河文化北扩范围及主要遗址分布图

（资料来源：樊力《论石家河文化青龙泉三期类型》）

△ 石家河文化典型器物

△ 石家河文化陶器上的刻划符号

石家河遗址

石家河遗址位于天门市石家河镇土城、芦岭、唐李、东桥村。主体总面积约8平方公里，核心区域分布40余处遗址点。先后发掘揭露出三房湾遗址点大型制陶专业作坊、印信台遗址点祭祀场所、蓄树岭遗址点居住区、朱家坟头遗址点屈家岭文化墓地、邓家湾遗址点冶炼遗迹等遗存，出土了大量遗物。遗址年代距今约5900～3800年，历油子岭、屈家岭、石家河、肖家屋脊文化四个阶段，是长江中游地区迄今发现的面积最大、延续时间最长、等级最高的新石器时代大型都邑性聚落群，为探讨早期中华文明起源与发展进程提供了重要材料。

△ 石家河城址与聚落群分布图

△ 邓家湾遗址出土石家河文化陶器

△ 肖家屋脊遗址点出土石家河文化陶器

△ 蓄树岭遗址点石家河文化 H33 出土陶器　　　　　　△ 肖家屋脊遗址点出土羽冠持钺人物像陶罐线图

△ 谭家岭遗址点出土石家河文化陶器与墙体残块

七里河遗址

七里河遗址位于房县七里河和马栏河交汇处，面积6万余平方米。1976～1978年发掘，清理遗迹有房址、墓葬、灰坑、灰沟和陶窑，其墓葬存在多人二次合葬习俗，并能看出殉猪、拔牙、猎头等现象。出土遗物以陶器和石器为主，遗存属石家河文化青龙泉类型。

△ 七里河遗址出土石家河文化典型陶器

△ 七里河遗址出土石家河文化陶器

谭家岭遗址全景

千年文脉

长江文明考古展·湖北

叁

·夏商南土

距今4000年前后，以肖家屋脊文化为代表的江汉地区开始融入中原文明。这一进程恰可与"禹征三苗"传说相印证。至二里头文化时期，夏文化在南方的影响力进一步扩大。代夏之后，商人以盘龙城等为据点，加强了对长江以南地区的控制。

第一单元

融入华夏

　　肖家屋脊文化时期，长江中游文明与中原联系日益密切，开始了"融入华夏"的进程。肖家屋脊文化分布范围与石家河文化基本相同，但遗存数量大大减少。三角形侧装足釜形鼎、广肩矮领瓮、细柄带箍豆、大圈足盘、深腹盆等代表性陶器直接受煤山文化影响，兴起于石家河文化晚期的陶塑品逐渐向四周扩散。同时，制玉手工业特别发达，在罗家柏岭、六合、肖家屋脊、孙家岗、谭家岭等遗址都有玉器发现。

△ 肖家屋脊文化典型陶器

△ 肖家屋脊文化陶塑品

△ 罗家柏岭遗址点出土玉器　　　　　　　　　　　　　　△ 汪家屋场遗址点出土玉牙璋

△ 肖家屋脊遗址点出土玉器

△ 谭家岭遗址点出土玉器

△ 肖家屋脊遗址点出土陶器

△ 蓄树岭遗址点出土陶器

△ 石首走马岭遗址 H42 出土陶鬶

△ 房县七里河遗址采集陶鬶

△ 宜昌白庙遗址出土肖家屋脊文化陶器

第二单元

二里头文化南进

二里头文化是指以河南偃师二里头遗址为代表的夏代考古学文化，其中心区位于河南中西部、山西南部。二里头文化形成后逐步向外扩张，二里头文化南进湖北路线一般经方城隘口入南阳盆地，此后或过汉江进入江汉平原腹地和鄂西地区，或经随枣走廊进入孝感、武汉周边。湖北地区发现的该类遗存呈零星分布，文化面貌以二里头文化为主，但因区位不同而各具特色，展示了主流文化控制下的多样文化特征。二里头文化的南进是湖北乃至整个南方地区纳入统一的中国历史文化体系的开始。

辽瓦店子遗址

辽瓦店子遗址位于十堰市郧阳区辽瓦乡辽瓦村东。总面积约12万平方米，文化层厚约4米，是一处自新石器时代至东周时期连续发展的遗址。其中二里头文化遗存最为丰富，清理出房址多座、灰坑268座、墓葬20余座，以及陶窑等；出土了大量石、陶器，其中陶器有鼎、釜、盆、单耳罐、双耳罐、高领罐、盉、豆等。文化因素兼具二里头文化和地方特色。

▷
辽瓦店子遗址出土二里头文化陶器

△ 郧阳李营遗址出土二里头文化陶器

王树岗遗址

王树岗遗址位于襄阳市襄城区欧庙镇王树岗村西。仅清理出2座二里头文化时期灰坑，出土鼎、大口尊、罐、杯、器盖等陶器，具有典型的二里头三、四期文化风格。

△ 王树岗遗址二里头文化典型陶器

△ 王树岗遗址出土二里头文化陶器标本

△ 枣阳顺城湾遗址二里头文化 H1 出土陶器

第三单元

商人之居

　　汤灭夏后，商人沿夏人南进路线，控制了湖北的广大地区，在湖北中、北部设立据点或建立方国，盘龙城遗址即为典型代表。商代晚期，其力量虽有所削弱，但方国尚存，周武王"牧誓八国"之庸、卢、彭、濮，可能就在湖北北部，鄂西南、鄂东南则是商代巴、越等族活动区域。

△ 枣阳王城征集的商代青铜重器

盘龙城遗址

盘龙城遗址位于武汉市黄陂区盘龙城开发区。本遗址发现了面积达2.5平方公里的城址，时代相当于中原商文化的二里岗时期，城内外有宫殿区、作坊区、居民区、墓葬区等，其中三座大型宫殿建筑采用我国古代通行的前朝后寝即前堂后室的宫殿格局。历次发掘出土了大量青铜器和玉器、陶器、骨器等。盘龙城遗址原为商王朝分封的方国，是商王朝的战略资源中转站，并逐渐成为商王朝在南方的统治中心。

△ 盘龙城遗址全景

出土位置	木炭样品编号	碳十四年代（BP）	树轮校正后年代	
			1σ（68.2%）	2σ（95.4%）
杨家湾南坡	2014HPQ1712T1015⑦：6	3070 ± 25	1395BC（41.2%）1333BC 1326BC（27%）1287BC	1413BC（95.4%）1264BC
	2014HPQ1712T1015⑥：9	3180 ± 30	1496BC（26.5%）1476BC 1458BC（41.8%）1426BC	1506BC（95.4%）1407BC
	2014HPQ1712T1015⑤：1	3100 ± 25	1416BC（34%）1381BC 1343BC（34.3%）1308BC	1428BC（95.4%）1290BC
	2014HPQ1712T1015④：1	3075 ± 30	1401BC（22.1%）1369BC 1357BC（46.2%）1294BC	1421BC（95.4%）1260BC
	2014HPQ1712T1015③：1	3025 ± 25	1372BC（12%）1355BC 1298BC（56.3%）1225BC	1391BC（24.6%）1336BC 1322BC（70.8%）1200BC
杨家湾坡顶	2017HPQ1813T0213H35：5	3165 ± 35	1496BC（19.4%）1475BC 1458BC（48.9%）1412BC	1506BC（91.3%）1386BC 1338BC（4.2%）1318BC
	2017HPQ1813T0213H36：2	3320 ± 35	1620BC（68.3%）1536BC	1687BC（95.4%）1506BC
	2017HPQ1813T0213H42：2	3125 ± 35	1440BC（47.8%）1382BC 1341BC（20.5%）1311BC	1496BC（4.3%）1476BC 1458BC（91.1%）1288BC
小嘴	2016HPQ1710G1：1	3110 ± 25	1422BC（41%）1384BC 1341BC（27.3%）1313BC	1439BC（53.8%）1366BC 1360BC（41.6%）1293BC
	2016HPQ1710T0314H9	3170 ± 25	1494BC（19.2%）1478BC 1455BC（49.1%）1419BC	1501BC（95.4%）1406BC
	2016HPQ1710T0413H13：4	3165 ± 25	1493BC（15.4%）1480BC 1453BC（52.9%）1417BC	1501BC（95.4%）1400BC
	2017HPQ1610T1816④：1	3160 ± 30	1494BC（15.5%）1478BC 1456BC（52.8%）1410BC	1502BC（92.3%）1390BC 1336BC（3.1%）1322BC

△ 盘龙城遗址商代遗存典型陶器

△ 盘龙城遗址李家嘴墓地 M2 出土铜器

△ 盘龙城遗址江家湾墓地 M1 出土器物

△ 盘龙城遗址出土铜勾刀和玉柄形器

郭元咀遗址

郭元咀遗址位于武汉市黄陂区前川大街鲁台山北麓。面积12万余平方米，现仅存约3000平方米。2019～2021年揭露出商代晚期用于铸铜的大型台基及各类遗迹。出土商代遗物十分丰富，包括青铜器、冶铸遗物、陶瓷器、石器等，其中冶铸遗物有铜块、铜渣、坩埚残块、陶范等。商代遗存主体年代相当于洹北花园庄期至殷墟期，出土的大量与铸铜有关的遗迹和遗物是长江中游地区近年来保存最完好、内涵最丰富的商代铸铜遗址。其铸铜原料或来源于鄂东、赣北等地的长江铜矿带，对揭示殷墟一期之后青铜铸造的组织、原料的运输等青铜时代重大学术问题具有重要价值。

△ 郭元咀遗址铸铜遗迹分布示意图

千年文脉

长江文明考古展·湖北

坩埚残块

残炉壁

石器

△ 郭元咀遗址出土商代遗物

铜器

陶器

△ 郭元咀遗址出土商代遗物

分期	分裆鬲	假腹豆	大口尊	大口缸	罐	相对年代 绝对年代
铸铜遗存晚期	G7①:45	T10③:8	G7①:14	G7①:42	H23:2	殷墟一期早段 （武丁前期） 前1250～ 前1192
铸铜遗存早期	H58:1	H2①:5	G7④:29	G7④:18	G7④:37	洹北期 （盘庚迁殷后、 小辛小乙） 前1300～ 前1251
盘龙城遗址晚期遗存	小嘴T0412③:10	小嘴G13:3	杨家湾H31:1	杨家湾T1015④:2	杨家湾T1013③:20	洹北期 前1385～ 前1250

测年编号	测年样品	碳十四年代	校正后年代	矫正数据库
HGS1	炭化水稻	2920 ± 30 BP	1211～1020 cal BC（95.4%）	INTCAL13（北半球）
HGS2	炭化水稻	3050 ± 30 BP	1401～1226 cal BC（95.4%）	INTCAL13（北半球）
HGS3	木炭	3080 ± 30 BP	1418～1264 cal BC（95.4%）	INTCAL13（北半球）
HGS4	木炭	3090 ± 30 BP	1427～1277 cal BC（95.4%）	INTCAL13（北半球）

△ 郭元咀遗址 G7 出土陶器组合

△ 郭元咀遗址 H2 出土陶器组合

荆南寺遗址

荆南寺遗址位于荆州市荆州区城南街道办事处五里桥社区，面积约1.2万平方米。本遗址发掘了大批商时期灰坑和少量房址、墓葬。出土铜斝、戈，陶鼎、鬲、甗、豆、罐、杯等器物。其主体文化为以陶釜形鼎、大口缸、鬶为代表的"土著"文化，以陶鬲、大口尊、深腹盆、假腹豆等为代表的二里岗早商文化次之，还有以凸肩罐、高柄杯、凸肩小杯、器盖为代表的早期蜀文化及少量长江下游文化因素。该类遗存被称为"荆南寺类型"，分布于江汉平原南部地区，很可能是早商时期中原商人南下与地方土著杂居的结果，晚商时消亡。

荆南寺遗址不同风格陶器群对比

（资料来源：何驽《荆南寺遗址夏商时期遗存分析》）

周梁玉桥遗址位于荆州市沙市区长港路北，面积约15万平方米。本遗址发掘清理出半地穴式房址、红烧土、灰坑等遗迹。出土遗物以陶器为大宗，包括鼎、鬲、瓮、罐、尊、纺轮，以及铜刀、铜鱼钩、骨针、骨笄、卜甲、卜骨等遗物。遗址时代为商代后期。主体是以陶鼎、釜、甗、罐、杯为典型器群的"土著"文化，又有以陶鬲、簋、甗、盆、豆为代表的中原文化因素，还有少量南方文化因素的印纹硬陶。有学者认为该类遗存应命名为"周梁玉桥文化"，此类遗存取代了荆南寺类遗存。

△ 周梁玉桥遗址出土陶器

香炉石遗址

香炉石遗址位于长阳土家族自治县渔峡口镇的清江中游北岸，总面积3万余平方米。出土遗物十分丰富，包括大量石、陶、骨质生产工具和以罐、釜为大宗的陶质生活用器，以及兵器、装饰品，还有大量兽骨，第4~6层出土43片甲骨。遗址时代分为夏、商代早期、商代中晚期、商末至西周、东周。发现了7座早商时期的巴人墓葬（M2~M8），属商代鄂西南地区一个较有特色的文化系统，其中心在清江流域中、下游一带和长江三峡部分地区。有学者称之为"香炉石文化"或"路家河文化"，属巴文化系统。

△ 香炉石遗址出土陶器

万福垴遗址发掘现场

肆

· 周之南国

灭商以后，周王朝通过分邦建国，确立
了对湖北地区的统治。分封至此的周人
与当地土著，共同创造出绚丽多彩的物
质文化和精神文明，为南北文化的融合
统一奠定了良好的基础。

第一单元

建于南土

　　湖北地区经考古发现确认的南土诸侯国除楚国外,有鄂、曾(随)、邓国,还有文献无载的"长子国";其他诸侯国尚无明确的考古资料对应。但不少考古发现为探索西周封鄂诸侯国提供了线索,如鄂西南的巴国等。

〔第一组〕

曾(随)国

　　西周早期,曾国"建于南土","君庇淮夷,临有江夏"。自1966年以来,在湖北的随枣走廊和大洪山南麓不断发现曾国墓葬或遗物。特别是1978年曾侯乙墓发掘以后,这些地区又陆续有多个曾国贵族墓地、遗址被揭示出来。根据出土青铜器铭文,并结合传世文献可以确定,曾国就是文献中的随国。自周初建国至战国时期,曾立国700余年,是周代延续时间最长的诸侯国之一,曾文化是姬周礼乐文化的典型代表。

△ 曾国主要考古遗存分布示意图

曾国遗存：3.郭家庙墓地　4.周台遗址　5.忠义寨城址　6.安居城址　8.擂鼓墩墓群　9.义地岗墓群　10.叶家山墓地　11.庙台子遗址　12.苏家垄墓地

非曾国遗存：1.楚王城城址　2.九连墩墓地　7.羊子山墓地

曾国重要遗存一览表

遗存名称	地理位置	发掘情况	重要遗存	重要铭文铜器	性质
叶家山墓地	随州市曾都区淅河镇蒋寨村叶家山	2011、2013年发掘墓葬140座、马坑7座	发现三代曾侯墓：M65（曾侯谏墓）、M28（曾侯伯生墓）、M111（曾侯犺墓）	"犺作烈考南公宝尊彝"簋，曾侯谏、曾侯组器	西周早期曾侯墓地
庙台子遗址	随州市曾都区淅河镇蒋寨村叶家山墓地南1公里	1983年发掘100平方米，清理出灰坑等，出土较多商周陶器；2015年发现高台与环壕，发掘各类遗迹100多处	发现了城壕和城内大型建筑基址		西周早期曾国都城
郭家庙墓地	枣阳市吴店镇东赵湖村	三次发掘墓葬141座、车坑3座、马坑2座、车马坑3座	发现了郭家庙GM17（曾侯夫人墓），以及GM21（曾伯陭墓）与GM52、GM50与GM60，曹门湾CM1与CM2三组曾侯级墓葬	曾伯陭钺、曾侯絴白戈、曾侯作季汤芈鼎	西周晚期至春秋早期曾侯墓地
周台遗址	枣阳市兴隆镇周台村	两次发掘清理出周代灰坑、房址、水井、墓葬等遗迹	发现了大型台式建筑基址2002F3和大型水井2018J2，发现了忠义寨城址，出土了炉壁和炼渣		西周晚期至春秋早期曾国都城

遗存名称		地理位置	发掘情况	重要遗存	重要铭文铜器	性质
苏家垄墓地		京山市坪坝镇苏家垄	1966年出土97件青铜器，包括9件鼎、7件簋。2016~2017年发掘墓葬106座，车马坑8座	发现了曾伯桼（M79）及其夫人芈克（M88）的墓葬	曾伯桼簋、壶，芈克簋	春秋早期至春秋晚期曾国贵族墓地
义地岗墓群	义地岗墓地	随州市曾都区东北部城区义地岗	1970年代以来多次发现曾国墓葬、青铜器。2009年清理M1、M2	曾侯丙墓（M18）	"左右楚王"甬钟、曾侯丙缶、随大司马戈	春秋晚期至战国中期曾国墓地
	文峰塔墓地	随州市曾都区文峰塔社区义地岗东南部	2012年上半年清理M4，2012年7月至2013年1月发掘东周墓葬54座、车马坑2座、马坑1座	M4或为曾侯郕墓，发现了曾侯與墓（M1），M2可能为另一曾侯墓	周王孙季怠、曾大工尹季怠戈，曾侯與编钟、曾侯戈	春秋晚期至战国中期曾国墓地
	汉东东路墓地	随州市曾都区义地岗文峰塔墓地北150米	2017年发掘春秋墓葬39座、马坑2座，其中大型墓即一椁重棺墓13座	曾叔孙湛组器	曾公得编钟	春秋中晚期曾国贵族墓地
	枣树林墓地	随州市曾都区义地岗、文峰塔墓地西	2018~2019年发掘"甲"字形大墓5座、中型墓19座、小型墓62座	曾公畎（M190）及夫人芈渔（M191）墓、曾侯宝（M168）及夫人芈加（M169）墓、曾侯得墓（M129）	曾公畎编钟，芈渔壶、芈渔盉、楚王媵渔芈簠、唐侯制随侯簠、唐侯制随夫人鼎，曾侯宝组器，芈加编钟，楚王媵随仲芈加缶、匕，曾侯得编钟	春秋中晚期曾侯墓地
擂鼓墩墓群		随州市曾都区南郊街道办事处擂鼓墩村、马家榨村	1978~1985年先后勘探发现100余座竖穴土坑墓，已清理34座。包括擂鼓墩一号墓（曾侯乙墓）、二号墓	曾侯乙墓，擂鼓墩二号墓或为一代曾侯	曾侯乙编钟及组器，"盛君萦"簠	战国早中期曾侯墓地

曾侯	时代	备注
南宫适	西周早期 （文武时期）	曾公痶编钟铭文之 "丕显高祖，克仇匹周之文武，淑淑伯适" 之 "高祖" "伯适"；芈加编钟铭文之 "伯适受命，帅禹之堵"、曾侯與编钟铭文之 "伯适上庸，左右文武" 之 "伯适"。与周公、召公一样，应在周王室，并没有实际就封任曾侯
曾侯谏	西周早期 （成康时期）	叶家山 M65 墓主。曾公痶编钟铭文之 "皇祖建于南土……以享于其皇祖南公" 之 "南公"；曾侯與编钟铭文之 "王遣命南公，营宅汭土" 之 "南公"
伯生	西周早期 （康昭时期）	叶家山 M28 墓主。其东的叶家山 M27 即其夫人墓，墓中出有 "伯生作彝" 铭文铜盉。M28 墓主的私名当为 "伯生"（从李伯谦、冯时说）
曾侯犺	西周早期 （昭王时期）	叶家山 M111 墓主。出有 "烈考南公" 铭文簋，是犺为其父 "南公" 所作。与伯生均是曾侯谏的儿子，两人兄弟关系，伯生之 "伯" 当为排序老大，犺应为 "伯生" 之弟
郭家庙 M60 墓主	两周之际	岩坑墓。其南的枣阳郭家庙 M50 即其夫人墓
曾伯陭	两周之际	枣阳郭家庙 M21 墓主，其北的郭家庙 M52 即其夫人墓
曾侯絴伯	两周之际	郭家庙曹门湾 M1 墓主。其东南的曹门湾 M2 即其夫人墓
曾侯仲子斿父	春秋早期	京山苏家垄 M1 墓主。夫人墓可能在 1966 年修建水利工程时被破坏
曾伯霖	春秋早期	京山苏家垄 M79 墓主。其东南的苏家垄 M88 墓主为夫人芈克。陈介祺旧藏曾伯霖簠现藏于国家博物馆
曾公痶	春秋中期	公元前 646 年前后。随州枣树林墓地 M190 墓主。其北的 M191 墓主即其夫人芈渔。1979 年随州季氏梁春秋墓地出土季怠铜戈有 "穆侯之子，西宫之孙" 铭文，曾穆侯可能为其谥号
曾侯宝	春秋中期	随州枣树林墓地 M168 墓主。其北的 M169 墓主即是其夫人芈加
曾侯得	春秋中晚期	随州汉东东路墓地 M129 墓主。夫人墓没发现，应该是 20 世纪 60 年代修八一水库时被破坏
曾侯昃	春秋中晚期	曾侯昃戈出土于襄阳梁家老坟楚国墓地 M11。其墓葬尚未发现
曾侯邲	春秋晚期	文峰塔 M4 即曾侯邲墓。夫人墓尚未发现。曾侯邲鼎出土于随州东风油库墓地 M3。并见于曾侯乙墓出土铜戈铭文
曾侯與	春秋晚期	随州文峰塔 M1 墓主，并见于曾侯乙墓出土铜戈铭文。夫人墓尚未发现
文峰塔 M2 墓主	春秋晚期	曾侯與墓西南 59 米处，规格与曾侯與墓相当。时代略晚于曾侯與。夫人墓未发现
曾侯乙	战国早期 （公元前 433 年前后）	随州擂鼓墩 M1 墓主。其西的擂鼓墩 M2 可能为其夫人墓
曾侯丙	战国中期	随州文峰塔 M18 墓主。其东北的 M8 为其夫人墓

注：擂鼓墩土家、王家湾土家、王家包 M1、蔡家包 M14 四个未发掘的曾侯级别墓葬，时代当排在曾侯丙墓之前。如是，共计 21 位曾侯。

△ 叶家山墓地墓葬分布图

△ 郭家庙墓地 2014 ~ 2016 年发掘墓葬分布图

图例		
▨ 村庄	◯ 鱼塘
—— 公路	⚌ 水渠
----- 遗址范围	▬ 城垣

△ 周台遗址、忠义寨城址、郭家庙墓地关系示意图

△ 苏家垄墓地墓葬分布

△ 义地岗墓群墓葬分布示意图

△ 叶家山墓地 M111 出土铜罍

△ 叶家山墓地 M27 出土铜罍

△ 庙台子遗址出土商代陶器

△ 庙台子遗址出土西周陶器

△ 庙台子遗址出土西周陶器

△ 郭家庙墓地出土陶器

△ 张家寨遗址出土西周中期陶鬲

△ 张家寨遗址出土两周之际陶鬲

△ 张家寨遗址出土春秋早期陶鬲

△ 忠义寨城址 TG2 出土春秋早期陶器

△ 周台遗址 2016ZZJ1 第③层出土春秋中期陶罐

鄂国曾是商纣王时期的"三公之一"，姞姓。西周早期青铜器"中甗""静方鼎"均提到了"鄂"，羊子山"鄂侯"铜器群证实西周早期鄂国中心在随州羊子山附近。据禹鼎铭文记载，大概在周夷王或厉王时期，鄂侯驭方因反叛被灭国。鄂国公族被迁至他地（南阳夏响铺附近）。

羊子山墓地

羊子山墓地位于随州市西20公里处的安居镇。1975年这里出土了包含"噩侯弟"尊等在内的青铜器，1980年清理的M1出土了一组青铜器，2007年M4又发现了多件"鄂侯""鄂仲"青铜器。

铭文释文：
鄂侯作厥宝障彝。

△ 羊子山墓地M4出土鄂侯方彝

△ 羊子山墓地 M4 出土铜器

△ 羊子山墓地 M4 出土鄂仲方鼎

〔第三组〕

邓国

邓国嫚姓，至迟到周昭王时期，邓被封于南阳盆地。公元前678年，邓国为楚文王所灭。近年来在襄阳邓城附近分别发现了王坡、擂鼓台等邓国墓地及周家岗、黄家村、王家巷等邓国遗址，从出土有铭青铜器和文化遗存的时代可以确定，西周晚期至春秋早期邓国中心区位于襄阳邓城附近。

铭文释文：
邓公牧作馈簋。

铭文释文：
侯氏作孟姬障簋，其万年永宝。

△ 襄阳蔡坡土岗出土西周晚期至春秋早期邓国铜器

铭文释文：

唯九月初吉丁亥，邓公孙无忌选吉金铸其［宝］鼎，其用追孝朕皇高祖。余用征用行，永寿无疆，子子孙孙永宝用之。

△ 王坡墓地 M1 出土春秋早期邓公孙鼎

△ 王家巷制陶作坊遗址春秋早期 H2 出土陶器

△ 王家巷制陶作坊遗址春秋早期 H46 出土制陶工具

△ 擂鼓台墓地春秋早期 M2（"邓子郳伯"墓）出土铜器组合

铭文释文：

唯邓九月初吉庚午，邓子䣄伯自作宝陵鼎。

△ 擂鼓台墓地 M2：6 铜鼎及铭文

△ 擂鼓台墓地 M2：3 铜簋及器盖铭文

△ 擂鼓台墓地 M2：7 铜罍

△ 擂鼓台墓地 M2：8 铜提梁卣

铭文释文：

邓子伯随戈。

△ 擂鼓台墓地 M2：15 铜戈及铭文

〔第四组〕

长子国

武汉黄陂鲁台山墓地清理 5 座西周早期墓，出土"长子狗"铭文铜器，表明西周早期这里存在长子国。"长子"见于商代殷墟三期甲骨文，其曾向商王朝贡（"长子惟龟至"）。鲁台山郭元咀遗址点测年集中在距今 3100 年左右，或可证长子国商代即分封于此，并延续至西周早期。

△ 鲁台山墓地出土西周早期铜器

△ 鲁台山墓地西周早期铜器铭文

〔第五组〕

其他国族

除上述诸侯国外，湖北地区还存在着传世文献未载的诸侯国和苗蛮、百濮、百越等古老民族。特别是鄂东地区西周文化遗存具有较浓厚的地方文化特色，或与百越有关。重要的发现有金罗家遗址西周城址、毛家咀遗址木构建筑遗迹、新屋垴铜器窖藏和大路铺、和尚垴冶炼遗迹等。

大路铺遗址

大路铺遗址位于阳新县白沙镇土库村大路铺东，面积约8万平方米。经过四次发掘，发现商周文化遗迹216处，包括灰坑、灰沟、房址、灶、窑址、水井、烧坑、烧土、墓葬等。出土陶器有鼎、鬲、甗、罐、瓮、罍、盆、钵、豆、盂、卤、滤盂等，另出土有部分硬陶器、玉器和少量铜器、漆木器，以及矿石、炉壁、炼渣等。该文化源于安徽潜山薛家岗夏商文化，并受到了周边文化的影响，是一支以地方特色为主的考古学文化，或可命名为"大路铺文化"。

△ 大路铺遗址商周时期炼渣

△ 大路铺遗址商代晚期 H50 出土陶器组合

△ 大路铺遗址出土商周陶器

△ 黄梅焦墩遗址 G1 第 ③ 层出土西周陶鬲组合

△ 黄梅焦墩遗址 H6 出土西周陶钵组合

△ 黄梅焦墩遗址 G1 第 ⑦ 层出土西周陶器组合

△ 武穴磨尔山遗址 H5 出土西周陶器组合

△ 枣阳毛狗洞遗址西周早期 H1 出土陶器

第二单元

五霸七雄

西周初年，周王封楚于荆山，方圆不到百里，楚人向汉水东部发展，日益壮大。春秋时期，楚国威服江淮，势力逐渐扩张至黄河流域，积极参与中原争霸。战国时期，经过数次改革，国力臻于盛极，成为"战国七雄"之一。

楚国崛起

分封至楚地之后，楚人逐渐发展壮大，并摆脱了中央王朝的控制。春秋时期，楚国继续向汉东、江淮和江汉平原扩张。至楚武王熊通时，楚成为汉东霸主，熊通称王，是楚国崛起的标志。万福垴和真武山遗址是考古发现的早期楚文化的代表。

楚王名	世系	在位时间	名号	都城
穴熊				京宗
丽季	穴熊之子			京宗
熊狂	丽季之子			京宗
熊绎	熊狂之子			京宗、夷屯
熊只	熊绎之子			夷屯
熊䵣	熊只之子			夷屯
熊樊	熊䵣之子			夷屯
熊锡	熊胜之弟			夷屯
熊渠	熊锡之子			夷屯、发渐
熊艾	熊渠之子			发渐
熊挚	熊艾之子			发渐、旁屽
熊延	熊挚之弟			旁屽、乔多
熊勇	熊延之子			乔多
熊严	熊延之子			乔多
熊霜	熊严之子			乔多
熊雪	熊严之子			乔多
熊训	熊严之子			乔多
熊咢	熊训之子			乔多
熊仪	熊训之子		若敖	乔多、郢
熊率	熊仪之子		蚡冒	郢、焚
熊鹿	熊率之子		霄敖	焚、宵
熊达（通）	熊鹿之弟	公元前740～前690年	前704年自号武王	宵、免（疆）郢
熊赀	熊通之子	公元前689～前677年	文王	疆郢、湫郢、樊郢、为郢、免郢（福丘）
熊囏	熊赀之子	公元前676～前672年	庄敖	福丘、郚郢
熊恽	熊囏之弟	公元前671～前626年	成王	郚郢、湫郢、？、睽郢
熊商臣	熊恽之子	公元前625～前614年	穆王	睽郢、为郢
熊侣	熊商臣之子	公元前613～前591年	庄王	为郢、樊郢、同宫之北、蒸之野、？、为郢
熊审	熊侣之子	公元前590～前560年	共王	为郢
熊招	熊审之子	公元前559～前545年	康王	为郢
熊员	熊招之子	公元前544～前541年	郏敖	为郢
熊围	熊审之子	公元前540～前529年	灵王	为郢、乾溪之上
熊居	熊审之子	公元前528～前516年	平王	乾溪之上
熊珍	熊居之子	公元前515～前489年	昭王	乾溪之上、媺郢、鄀郢、为郢
熊章	熊珍之子	公元前488～前432年	惠王	媺郢、为郢、湫郢（改名肥遗）、鄢郢、鄩吁、蔡、鄩
熊中	熊章之子	公元前431～前408年	简王	疆郢、蓝郢、鄩郢、鄴郢
熊当	熊中之子	公元前407～前402年	声王	鄩郢、㯂郢
熊疑	熊当之子	公元前401～前381年	悼王	鄩郢、肥遗、鄢郢

万福垴遗址

万福垴遗址位于宜昌市白洋工业园区。2012年因施工发现一批西周早中期青铜器，包括铜鼎1件，甬钟12件，其中1件钟上有铭文"楚季"等。经过2012～2015年三次发掘，清理出灰坑、灰沟、窑址等，出土大量陶器标本和少量铜器，时代为西周至春秋中期。该遗址G7的测年数据中有三个落在公元前1000年左右。其文化面貌较复杂，以周文化为主，同时也有鄂西、鄂东乃至长江上、下游文化因素。

△ 万福垴遗址 2012 年出土铜器

△ 万福垴遗址西周晚期 G7 第②层出土陶器

△ 万福垴遗址春秋时期 H79 出土陶器

△ 万福垴遗址春秋时期 M7 出土陶器

△ 石家河神祖台遗址出土陶器

真武山遗址

真武山遗址位于襄阳市襄城区真武山北麓，面积约2万平方米。发掘清理遗迹100余处，出土大量陶器及少量卜骨、卜甲等，时代从西周中期至战国中期。西周中期至春秋早期遗存被称为"真武山类遗存"，推测为早期楚文化遗存，其形成后向襄宜平原等地扩展。

△ 真武山遗址出土"弓矢"卜骨

△ 房县孙家坪遗址西周中期 H6 出土陶鬲

郭家岗遗址

郭家岗遗址位于宜城市雷河镇官堰村，面积约120万平方米，文化层厚约3米。1990年发掘400平方米，出土了以陶器为主的大量遗物，时代为西周晚期至战国晚期。有学者认为该遗址可能为楚国鄢都之一。

△ 郭家岗遗址出土春秋时期陶器

△ 宜城肖家岭遗址 H22 第 ②层出土春秋早期陶器

楚国称霸

　　自春秋中期开始，湖北地区除随州城区附近为楚之附庸随（曾）国外，全部纳入楚境。楚国依托稳固的后方北上中原、东进淮域，并南下湖湘，成为"春秋五霸"之一；战国时期更是几乎占据了南半个中国，成为"地方五千里，带甲百万，车千乘，骑万匹，粟支十年"的强国。湖北境内楚文化遗存分布密集，类型多样，展现了楚国的强大实力。

△ 楚国极盛时期疆域示意图（公元前 318 年）

楚灭国表

时代	被灭国家	故址所在地
楚武王 （公元前740年~前690年）	权（子姓）	湖北当阳县东南有权城
	州	湖北监利县之州陵城
	蓼	河南唐河稍西八十里
	罗（熊姓）	湖北宜城县西二十里罗川城
	鄀	湖北宜城县西南九十里
	厉（姬姓）	湖北随县北厉山店
	鄂（妘姓）	湖北宜城县西南
	谷	湖北襄阳谷城县西十里有谷城山
	弍（姬姓）	湖北应城县境
	轸（姬姓）	湖北应城县西
	郧（妘姓或姬姓）	湖北沔阳县境
	绞	湖北郧县西北
楚文王 （公元前689年~前677年）	西申（姜姓）	河南南阳县有故申城
	吕（姜姓）	河南南阳城西三十里
	应（姬姓）	河南鲁山县境
楚成王 （公元前671年~前626年）	弦（姬姓）	河南潢川县西北
	黄（嬴姓）	河南光山县西十二里有黄城
	夔（芈姓）	湖北秭归东二十里有夔子城
	东申（姜姓）	河南信阳县境
	訾	河南信阳县境
	道（姬姓）	河南确山县北二十里有道城
	柏	河南西平县有柏亭
	沈	河南平舆有沈亭
	蒋（姬姓）	河南固始县（古期思县）
	英（偃姓）	安徽金寨县与霍山县之间
	樊	河南信阳平桥西
	房（祁姓）	河南遂平县为古房国地
	番	河南南部
	许（姜姓）	河南许昌一带
楚穆王 （公元前625年~前614年）	江（嬴姓）	河南息县西南
	六（偃姓）	湖北六安县北
	蓼（姬姓）	河南固始县东北有蓼城岗
	茄	安徽的淮夷小国

时代	被灭国家	故址所在地
楚穆王 （公元前625年~前614年）	宗（偃姓）	安徽舒城东南
	舒（偃姓）	安徽舒城境
楚庄王 （公元前613年~前591年）	庸	湖北竹山县
	麇（芈姓）	湖北房县
	舒蓼（偃姓）	安徽舒城县南
	皖（偃姓）	安徽安庆以西至鄂东边境
	萧	安徽萧县境
楚共王 （公元前590年~前560年）	舒庸（偃姓）	安徽舒城县、庐江县至巢县一带
	桐（偃姓）	安徽桐城县一带
	巢（偃姓）	安徽安庆市北一带
楚康王 （公元前559年~前545年）	舒鸠（偃姓）	安徽安庆市北一带
楚灵王 （公元前540年~前529年）	赖（姬姓）	安徽泗县一带
	东不羹	河南舞阳北
	西不羹	河南襄城县东南二十里
楚昭王 （公元前515年~前489年）	唐（姬姓）	湖北枣阳县东南
	顿（姬姓）	河南项城西南
	胡（妫姓）	安徽阜阳县境
	蛮氏	河南汝阳县东南临汝县西南
楚惠王 （公元前488年~前432年	陈（妫姓）	河南省淮阳县
	蔡（姬姓）	河南新蔡里一带
	杞（姒姓）	河南杞县境
楚简王 （公元前431年~前408年）	莒（嬴姓）	山东莒县境
楚威王 （公元前339年~前329年）	越（姒姓）	浙江会稽一带
楚考烈王 （公元前262年~前238年）	鲁（姬姓）	山东曲阜一带
	邾（曹姓）	山东邹县东南

春秋中期以前，楚国"慎其四竟，犹不城郢"，直到春秋晚期才筑郢城。楚国城邑，文献记载近300座，考古发现60余座。其规模有大有小，包括都城、别都、县邑（封邑）、军事堡垒等几种。

楚国城邑一览表

名称	地点	时代	形状
季家湖城	湖北当阳	春秋	不规则长方形
纪南城	湖北江陵	春秋晚期至战国晚期	长方形
楚皇城	湖北宜城	春秋战国	长方形
鄂王城	湖北大冶	东周	不规则长方形
吕王城	湖北大悟	春秋	
草王嘴城	湖北大冶	东周	不规则长方形
作京城	湖北黄陂	战国两汉	十字形
草店坊城	湖北孝感	战国两汉	不规则长方形
楚王城	湖北云梦	东周秦汉	长方形
禹王城	湖北黄冈	东周秦汉	长方形
邓城	湖北襄阳	春秋至六朝	
大箕铺城	湖北阳新	东周	
岳飞城	湖北荆门	东周秦汉	长方形
土门古城	湖北蒲圻	东周秦汉	长方形
古龙城	河南淅川	东周	略呈长方形
扶沟古城	河南扶沟	东周	长方形
古鄢城	河南鄢陵	东周	略呈长方形
城阳城	河南信阳	东周	梯形
黄城	河南潢川	东周	长方形

名称	地点	时代	形状
上蔡城	河南上蔡	东周	长方形
东不羹城	河南舞阳	东周	凸字形
西不羹城	河南襄城	东周	凸字形
蓼城	河南固始	东周	长方形
析城	河南西峡	东周	长方形
期思古城	河南淮滨	东周	长方形
古胡城	河南舞阳	东周	长方形
陈城	河南淮阳	东周至汉代	长方形
定阳城	河南淅川	东周至汉代	长方形
寺湾古城	河南淅川	东周至汉代	
兴化城	河南淅川	东周至汉代	
马蹬城	河南淅川	东周至汉代	
罗城	河南淅川	东周至汉代	
采菱城	湖南桃源	东周	长带形
白公城	湖南慈利	东周	长方形
罗城	湖南汨罗	东周	长方形
古城堤城	湖南石门	东周	长方形
申鸣城	湖南临澧	东周	长方形
安定古城	湖南平江	东周	
麋子国城	湖南岳阳	东周	
长沙楚城	湖南长沙	东周	
寿春城	安徽寿县	东周	长方形
苍陵城	安徽寿县	东周	
鸡叫城	湖南澧县	东周至汉代	长方形
城头山城	湖南澧县	东周	长方形
古城岗	湖南澧县	东周至汉代	长方形
宋玉城	湖南澧县	东周	长方形
索县古城	湖南常德	东周	长方形
五城	湖南辰溪	东周	
张若城	湖南常德	东周	
司马错城	湖南常德	东周	
义陵城	湖南溆浦	东周至汉代	长方形
黔中故城	湖南沅陵	东周至汉代	长带形

传世文献记载的楚国都城有丹阳、郢都、陈郢、寿郢等，新出清华简《楚居》记载楚悼王之前的楚先公先王所居都城达二十多处，且变动频繁。目前湖北境内可确定的楚国都城有季家湖城址、纪南城城址。

季家湖城址

季家湖城址位于当阳市草埠湖镇季家湖村南，地处江汉冲积平原西端、沮漳河流域西侧，宜昌、当阳、枝江、荆州四市交界处。城址叠压在新石器时代晚期遗存之上，南北长1600、东西宽1400米。现存夯土南垣长86、底宽13.4、残高1.4米。城壕距城垣10～34米，壕沟长86、宽9.8、深约1米。一号台基位于城址北部中央，曾出土青铜"秦王卑命"钟和大型青铜构件及绳纹筒瓦、板瓦。发现有东周时期房基、制陶作坊、窖穴和墓葬。有学者认为是战国早期楚都。其周围分布有密集的楚文化遗存。

△ 季家湖城址与周边遗存分布图

（资料来源：王琥玺《周代江汉地区城邑地理研究》）

△ 季家湖城址 T1 第 ③层出土陶罐和板瓦

纪南城城址

纪南城城址位于荆州城北纪山之南,公元前278年秦将白起拔郢前,楚国都于此。当时城内十分繁华,文献称:"车毂击,民肩摩,市路相排突,号为朝衣鲜而暮衣弊。"

考古资料显示,纪南城东西长4450、南北宽3588米,城垣为夯土筑成,周长15506米,城内总面积约16平方公里,是迄今已发现的我国南方最大的一座古城。现已发现城门8处,其中水门3处。城内宫殿、手工业作坊、居民区等分区清楚,其中宫殿区有三组台基,或分别是宗庙、寝宫、朝堂。

△ 纪南城城址东垣南门复原、解剖示意图

△ 纪南城城址平面示意图

△ 纪南城遗址纪 B 河 I 第③层出土战国时期陶器

△ 纪南城遗址纪 B 河 II 第①层出土战国时期陶器

别都

战国中期以前，楚国都城不断变化，楚王迁居后原来的都城可能成为别都。目前可确定的别都遗存有楚皇城城址、龙湾遗址。

龙湾遗址

龙湾遗址位于潜江市西南约30公里的龙湾村。本遗址先后发现10余处土台。1987～2001年三次发掘放鹰台一号基址，发掘面积3500平方米，揭露建筑基址为三层高台建筑。第一层夯土台基分布有东侧门、贝壳路、内外长廊、南侧大台阶、门庭、广场、西墙及内曲廊、西侧门、天井、回廊、水池和排水管道等；第二层位于高台西侧，有北墙及北侧门、西墙和南墙；第三层位于一、二层台东侧，结构复杂。该基址总面积1.3万平方米，规模宏大，结构复杂。据出土遗物分析，其建于春秋晚期，废弃于战国中期。有专家认为该遗址为楚国的一处都城，或为章华台遗址。

△ 龙湾遗址放鹰台 I 号基址

楚皇城城址位于宜城市郑集镇皇城村。城址由外城和内城组成。内城位于外城东北部，外城呈不规则长方形，南北长1840、东西宽1720米，面积2.2平方公里，有城门6座，其中水门1座。城址内探出建筑台基21座，古河道1条，以及众多灰坑、水井、制陶作坊等遗迹。解剖东城垣确认其筑成时代上限为战国早期，并延续到汉代。一般认为该城址为楚国陪都鄢郢。周边分布有密集的楚文化遗址、墓地。

△ 楚皇城遗址出土战国时期陶器标本

△ 宜城桐树园遗址战国时期 H2 出土陶器组合

县邑（封邑）

楚国是两周时期最早设县进行行政管理的诸侯国。自楚武王克权国设县开始，楚国先后设县30余个。同时，不晚于春秋晚期，楚国实施封君制度，一些封邑或依托县邑，或独立设邑。考古发现的县城或封邑，有的因袭被灭国都城，规模相对较大，如邓县县城（邓城城址）、申县县城（宛城城址）等；有的为新设，如安陆县（云梦楚王城城址）、鄂邑（鄂君封邑，西鄂县故城或鄂王城）等。

邓城城址

邓城城址位于襄阳市高新区团山镇邓城村，面积约84万平方米。平面呈长方形，有城垣、城门、护城河。东、西、南、北垣分别长766、713、896、858米，墙体宽20米左右，残高2～5米。城址未发掘，始建年代不详，但从城墙暴露的遗物看，其使用年代至少从春秋时期一直延续到南北朝时期。邓国被灭后该城址为楚邓县县城，城外分布有20余处楚文化遗存。数量众多、延续时间长的各类楚文化遗存，说明当时的邓县是楚国的一个大县，这与楚国北上争霸重点经营有关。

△ 邓城城址外围邓、楚、秦文化遗存分布示意图

1. 邓城城址　　　2. 周家岗遗址
3. 黄家村遗址　　4. 王家巷遗址
5. 南岗遗址　　　6. 吴家坡遗址
7. 韩岗遗址　　　8. 卞营遗址
9. 余岗遗址　　　10. 彭岗遗址
11. 团山窑址　　　12. 张营遗址
13. 沈岗墓地　　　14. 王坡墓地
15. 韩岗墓地　　　16. 黄家村墓地
17. 蔡坡墓地　　　18. 山湾墓地
19. 团山墓地　　　20. 彭岗墓地
21. 余岗墓地　　　22. 贾庄墓地
23. 卞营墓地　　　24. 麈战岗墓地
25. 枣园墓地　　　26. 岭子墓地
27. 惠博通墓地　　28. 吴家湖遗址

图例：
● 邓文化遗址、墓地
● 楚文化遗址、墓地
● 秦文化遗址、墓地

△ 邓城城址全貌

△ 陈坡遗址出土春秋时期陶器

△ 彭岗遗址出土战国时期陶器

军事堡垒 —— 出于战争或战略资源管理需要，楚国在境内设置多个军事堡垒性质的城邑，这些城邑规模相对较小。就军事而言，最著名的即"方城"，还有大隧、直辕、冥阨、捍关等关隘，以及草店坊城址、作京城城址等；就战略资源而言，发现有五里界、鄂王城遗址等。

　　鄂东南、赣西北、皖西南的铜铁金属矿是先秦时期最为重要的金属矿藏之一，这些地区也成为早期金属冶炼遗存的重要发现地。经调查，鄂东南地区发现的矿冶遗存达数十处，时代自商代至汉代，铜绿山古铜矿遗址为重要代表。同时，在鄂中的大洪山区域也发现了铜铁矿。铜、铁资源作为当时重要的战略资源成为各诸侯国争相攫取的对象，楚国对南方铜铁矿的占有及其冶铸技术的提高也成为楚国强盛的物质基础。

△ 铜绿山遗址四方塘墓地全景

铜绿山遗址

铜绿山古铜矿遗址位于湖北大冶，面积约2平方公里。1973至1984年，经多次调查、发掘，发现古代矿井包括竖井、平巷、盲井和斜巷。遗址的开采年代早到商代，晚到战国至西汉。遗址显示当时的矿井、巷道支护、排水、通风、照明、矿石提升和找矿、选矿、冶炼等技术堪称完备。在11号矿体曾清理出春秋时代炼铜竖炉8座，炉周围发现工棚遗迹和碎矿用的工具等。在我国目前已发现的矿冶遗址中，铜绿山遗址采、选、冶兼备，保存最好、规模最大、使用时间最长、内涵最丰富，代表了中国先秦时期最高的采冶水平。

△ 铜绿山遗址VII号矿体及周边遗迹

△ 铜绿山遗址四方塘墓地出土器物

△ 铜绿山遗址出土矿石矿渣

△ 铜绿山遗址出土遗物

苏家垄遗址

苏家垄遗址位于荆门市京山县坪坝镇罗兴村，坐落于漳水北岸、两条支流交汇的二级阶地上，是集居址、墓葬及冶炼为一体的综合性大遗址。分布面积约190万平方米。由苏家垄墓区、石家垄墓区、方家垄墓区、罗兴遗址点、罗垄遗址点及古河道或环壕组成。2018年主要对罗兴居住、矿冶遗址点进行发掘，地层堆积较薄，文化层仅一层；清理灰坑7座，出土器物主要有罐、鬲、豆、缸、纺轮等陶器和大量矿渣、冻渣、炉壁等，表明这里是一处矿冶遗址，时代为春秋早期至战国中期。经研究，苏家垄遗址所用的矿石主要来自北面约10公里的大洪山南麓，如安陆涂家埫矿点等。

△ 苏家垄遗址出土炉壁和炼渣

　　楚国墓葬的发现始于20世纪30年代安徽寿县李三孤堆青铜器群的被盗。20世纪50年代，长沙又发现大量楚墓，而到60年代以后，湖北成为楚墓发现和发掘的主要地区。截至目前，湖北地区已发现楚墓地上千处，特别是在楚国重要城址附近形成了多个相对集中的墓区，发掘各类楚墓数万座，出土了大量典型器物。墓葬时代集中在春秋战国时期，可以确定的西周墓葬极少。

湖北地区发现的重要战国楚墓表

墓葬级别	名称	位置	形制	葬具	随葬器物	墓主	时代	附属遗存
楚王	熊家冢主冢	荆州市荆州区川店镇西北	勘探为"甲"字形竖穴土坑墓，墓口边长约67米	未发掘，不明	主冢未发掘，殉葬墓随葬大量玉器及陶、铜器等	惠、简、声、悼、肃王之一	战国早中期	有陪葬冢、车马坑、殉葬墓和祭祀坑
封君	天星观M1	荆州市沙市区观音垱镇天星观村	"甲"字形竖穴土坑墓，复原墓口长41.2、宽37.2米。15级台阶	一椁三棺，椁分七室	铜、陶、漆木、玉器和竹简等2440余件（被盗）	邸阳君番勆	公元前340年左右	
	天星观M2		"甲"字形竖穴土坑墓，残存墓口长9.1、宽8米	两椁两棺，椁分五室	铜、陶、漆木、玉器等1400余件（被盗）	邸阳君番勆夫人	公元前340年左右	
上大夫	包山M2	沙洋县十里铺镇王场村	"甲"字形竖穴土坑墓，墓口长34.4、宽31.9米。14级台阶。有腰坑	两椁三棺，椁分五室	铜、陶、漆木、玉器和竹简等1935件（套）	左尹昭𣥽	公元前316年	
	九连墩M1	枣阳市吴店镇东赵湖村	"甲"字形竖穴土坑墓，墓口长38.1、宽34.8米。14级台阶	两椁两棺，椁分五室	各类器物近5000件（套）	不明	公元前300年左右	祔葬车马坑
	九连墩M2		"甲"字形竖穴土坑墓，墓口长34.7、南北宽32米。14级台阶。有腰坑	两椁两棺，椁分五室	各类器物2000余件（套）	不明	公元前300年左右	祔葬车马坑
	望山桥M1	荆州市荆州区川店镇望山村	"甲"字形竖穴土坑墓，墓口长34、宽32米。13级台阶。有腰坑	两椁两棺，椁分五室	铜、漆木、陶、铁、骨角、玉石器等781件（套）（被盗）	中厩尹	楚宣王晚期	祔葬车马坑、祭祀坑

墓葬级别	名称	位置	形制	葬具	随葬器物	墓主	时代	附属遗存
上大夫	严仓M1	沙洋县后岗镇松林村	"甲"字形竖穴土坑墓，墓口长34、宽32米。15级台阶	一椁三棺，椁分五室	铜兵器、工具，银车马器，竹笥，玉片，竹简等（被盗）	大司马悼滑	约公元前310~前298年	祔葬车马坑
下大夫	望山M1	荆州市荆州区川店镇藤店村	"甲"字形竖穴土坑墓，墓口长16.1、宽13.5米。五级台阶	一椁两棺，椁分三室	铜、陶、漆、木、竹、铁、玉器和竹简等783件（套）	楚悼王后裔悼固	楚威王或楚怀王前期	
下大夫	陈坡M10	襄阳市东津开发区陈坡村北	"甲"字形竖穴土坑墓，墓口长20.2、宽18.2米。七级台阶	一椁两棺，椁分三室	铜、陶、玉器1522件（套）	不明	战国中期晚段	
下大夫	安岗M1	老河口市仙人渡镇安岗村西	"甲"字形竖穴土坑墓，墓口残长6、宽4.75米。台阶不明	一椁两棺，椁分四室	铜、陶、漆、木、竹、玉器和竹简1231件（套）	不明	战国中期	
上士	郭店M1	沙洋县纪山镇郭店村	长方形竖穴土坑墓，墓口长6米，宽4.6米	一椁一棺，椁分三室	铜、陶、漆木、竹、铁、玉、骨器和竹简等类器物千余件	不明	战国中期	

楚王墓无疑是楚墓中级别最高的墓葬。文献记载的楚王从"自号为王"的熊通算起，到楚国灭亡有20余位，其都城能与考古发现相对应的仅有战国中期以后的几座，而能确认的楚王墓葬也仅有战国时期的少数几座。除战国晚期的安徽李三孤堆墓为楚幽王墓、河南淮阳马鞍冢可能为楚顷襄王墓外，目前在季家湖、纪南城城址外围勘探发现的熊家冢、冯家冢、谢家冢具有王墓的规模，其中熊家冢经过部分发掘基本可以证实是楚王级别墓葬。

熊家冢楚墓

熊家冢楚墓位于荆州市川店镇西北部，东南距纪南城26公里。由主冢、陪葬冢、车马坑、殉葬墓和祭祀坑等组成。陵区面积8万余平方米。主冢有封土，勘探墓口边长67、深21米左右，椁室面积248平方米。其北侧陪冢墓口长36、宽30米左右。在主墓南、陪冢北分别排列着逾百座规划整齐、大小相当的殉葬墓，均为长方形土坑竖穴式小型墓。祔葬主车马坑南北长132.6、东西宽约12米，并与30余座大小不一的小车马坑，形成完整的出行车阵。殉葬墓出土了大量玉器和铜、陶器等。熊家冢墓年代大约在战国早中期。主冢墓主可能是楚惠王、楚简王、楚声王、楚悼王、楚肃王中的一位楚王。

△ 熊家冢墓地全景

封君制度是楚国的重要政治制度，自春秋中晚期开始实施，贯穿整个战国时期。传世文献和曾侯乙墓竹简、包山二号墓竹简等均有记载。楚国封君数量估计超过百个，分布于楚国境内的各个区域，如鄂君、黄君、析君、鲁阳君、春申君、阴侯等等，一般为楚王室成员。考古发掘明确的封君墓有河南新蔡的平夜君墓、湖北荆州的邸阳君墓等，发现的重要封君文物有鄂君启节、盛君索簠等。

天星观 1 号墓

天星观 1 号墓位于荆州市沙市区观音垱镇天星观村的长湖之滨，因湖水的不断冲刷而于 1978 年清理发掘。墓口南北残长 30.4、东西残宽 33.2 米（原墓口长 41.2、宽 37.2 米）；15 级台阶，方向朝南，185°。葬具为一椁三棺，椁室 7 个，其中 6 个战国晚期被盗。残存随葬器物 2440 多件。墓主人为楚国邸阳君番勳。该墓出土竹简中有"秦客公孙鞅"等内容，公孙鞅公元前 340 年被秦封于商，因而改称商鞅。由此推测，墓葬时代当在公元前 340 年前后。

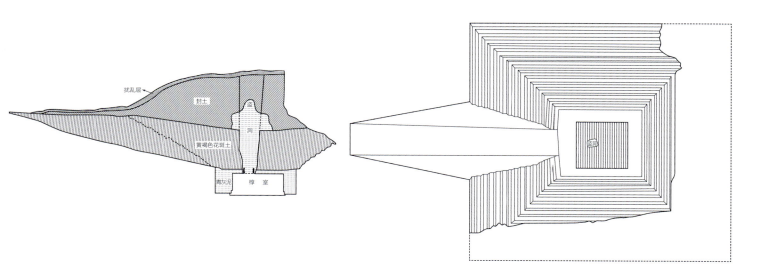

△ 天星观 M1（邸阳君墓）平、剖面图

西周实行宗法制，以血缘为纽带，制礼"明尊卑，别上下"，按照等级划分为天子、诸侯、卿、大夫、士、庶人等阶层，卿即上大夫，而士又分为上士、中士、下士。一般而言，卿（上大夫）及以上为高级贵族，大夫（下大夫）、上士为中级贵族，中、下士为低级贵族，其宫室、车旗、礼仪等均有相应规定。上大夫等级的贵族一般是楚国中央政权的高级官吏，有的地方长官也在此列。

九连墩楚墓

九连墩墓地位于枣阳市吴店镇东赵湖村至兴隆镇乌金村一条长约3公里、南北走向的岗地上，因有九座封土堆而得名。2002年发掘了最南边的一号墩，清理出两座墓葬和两座祔葬车马坑，并清理出了陵园遗迹。一号墓墓口东西长38.1、南北宽34.8、深12.8米，二号墓墓口东西长34.7、南北宽32、深11.6米。方向均朝东，东设斜坡墓道，各有14级台阶，其上均有封土堆。葬具均为两椁两棺，椁分东、南、西、北、中五室。二号墓墓底有腰坑，葬羊一只。两墓随葬器物十分丰富，共7000余件，按照质地分为青铜、铅锡、金银、竹木、皮革、玉石、水晶、玛瑙、丝织、骨、匏等，按照功能分为祭器、乐器、燕器、兵器、车马器、工具、葬仪用品、殓饰物和动物骨骼、植物果实等。一号车马坑葬车33乘，南北双排横列，马72匹，其中六马车1乘，四马车3乘。二号车马坑葬车7乘，南北双排横列，马16匹，其中四马车1乘，其余均为二马车。经研究，两座墓为夫妇异穴合葬墓，其时代为战国中期偏晚，不晚于公元前278年。墓主人身份为上大夫，或为封君。这是目前所见布局最清晰和完整的一组楚墓。

△ 九连墩 M1、M2 及车马坑

下大夫和上士是楚国的中级贵族，是楚国官吏中承上启下的等级，也是贵族群体的中坚力量，宫室、车旗、礼仪等一般以"三""二"数。考古发现的楚国下大夫、上士墓葬数量较多。

陈坡十号墓

陈坡十号墓位于襄阳市东津开发区陈坡村北。"甲"字形竖穴土坑墓。墓口东西长20.2、南北宽18.2、深9.05米。设七级台阶。葬具为一椁重棺，椁分为三室。人骨架无存。随葬各类器物1522件，出土了1件"大司马"铜鼎和1件"昭王之信"铜戈。该墓时代为战国中期晚段，墓主身份为下大夫，可能为楚昭王之后。

△ 陈坡 M10 墓圹

经发掘的楚墓地中，目前有部分墓地墓葬数量多，分布密集，延续时间较长，墓主人身份等级有高有低，是展示楚国葬制葬俗不可或缺的重要资料。这些墓地集中发现于楚国重要城址、遗址附近，如季家湖、纪南城、邓城、宛城、楚皇城、寿春城城址和龙城遗址等。

赵家湖墓地

赵家湖墓地位于当阳市河溶镇沮漳河东岸，周围分布有较为密集的遗址和墓地，并有不少高大的封土堆。1973至1978年先后发掘墓葬297座，均为土坑墓。根据墓葬规模及棺椁、随葬品情况分为甲、乙、丙、丁四类。墓地使用时间为西周晚期至战国晚期早段。该墓地很可能为季家湖城址及周边遗址外围的墓地。

△ 赵家湖墓地春秋早期 M2 出土陶器

◁ 赵家湖墓地春秋中期 M3 出土陶器

◁ 赵家湖墓地春秋中期 M4 出土器物

雨台山墓地

雨台山墓地位于荆州市荆州区纪南镇，靠近楚郢都纪南城东垣。1975 年起进行多次发掘，墓葬多为中小型竖穴土坑墓，时代为春秋中期至战国晚期前段。雨台山墓地是一处较早发掘的楚国低级贵族与平民墓地，所留存楚墓资料颇为系统。

△ 雨台山张家大冢墓地战国中期 M2 出土铜器

△ 雨台山张家大冢战国中期 M2 出土器物

△ 雨台山墓地战国时期 86JYM6 随葬陶器组合

△ 雨台山墓地战国时期 86JYM13 随葬陶器组合

△ 雨台山墓地战国时期 86JYM28
随葬陶器组合

△ 雨台山墓地战国时期 86JYM1
随葬陶器组合

邓城外围楚墓地

邓城外围楚墓地位于襄阳市高新区团山镇邓城城址外围方圆5平方公里范围内。这里先后发现并发掘了山湾、蔡坡、团山、余岗、彭岗、沈岗、鏖战岗、卞营等楚墓地20余处，清理楚墓3000余座。墓葬均为长方形土坑竖穴墓，规模有大有小，有的设有壁龛、台阶、踏步、墓道等。葬具有单椁重棺、单椁并棺、单椁单棺和单棺几种，少量墓葬无葬具。绝大部分墓葬有随葬器物，出土有青铜器、漆木竹器、陶器、玉石玛瑙水晶器等，绝大多数器物具有典型的楚文化风格。其中不少墓地出土有铭青铜器，如邓公乘鼎、邓尹疾鼎、郑庄公之孙鼎、子季嬴青簠、上都府簠、楚子敦、吴王夫差剑、徐王义楚元子羽剑、蔡公子加戈等等。墓地时代为春秋中期至战国中期，属于邓城及其周边遗址的附属墓地。墓葬主人的身份高低不一，最高者为邓县县公，最低者为平民。

△ 邓城城址东沈岗墓地第三次发掘区全景

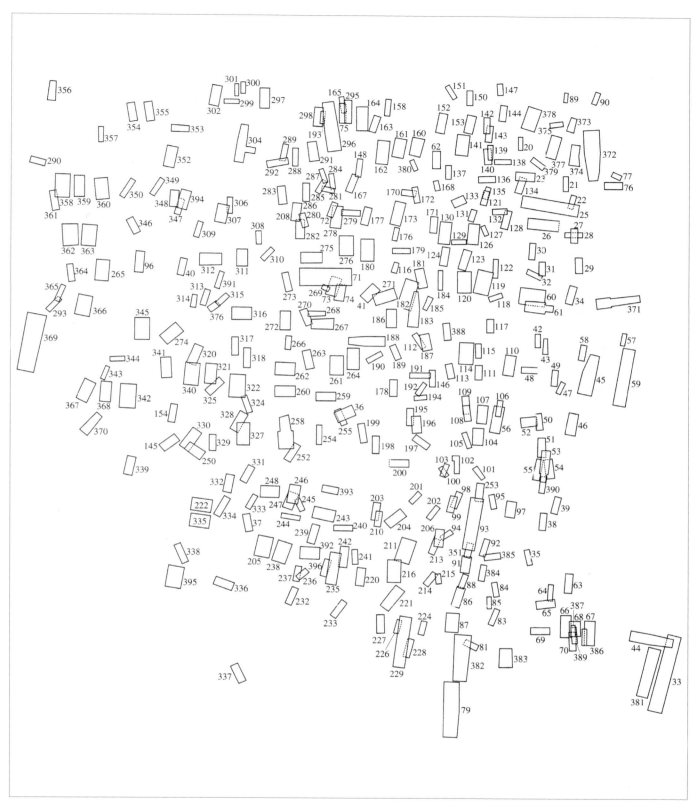

△ 卞营墓地 2012 年发掘 I 区墓葬分布示意图

△ 沈岗墓地随葬陶器组合

❶ 春秋中期 M1　❷ 春秋晚期 M120　❸ 战国早期 M83　❹ 战国中期 M698　❺ 战国晚期 M480

④

⑤

△ 余岗墓地随葬陶器组合

❶ 春秋中期 M234　　❷ 春秋晚期 M224　　❸ 战国早期 M139　　❹ 战国中期 M128　　❺ 战国晚期 M638

△ 团山墓地战国早期 M21 随葬陶器组合

△ 麘战岗墓地战国中期 M206 随葬陶器组合

△ 楚皇城城址外围南漳川庙山墓地春秋中期 M18 随葬铜器组合

△ 楚皇城城址外围南漳川庙山墓地春秋中期 M18 随葬玉石器

△ 丹江口吉家院墓地战国时期 M4 随葬器物

城河遗址远景

伍

· 江汉入秦

公元前278年，秦将白起拔郢，标志着

秦逐渐取代楚国在湖北的统治。公元前

223年秦灭楚国后，湖北全境统一于秦。

从此，湖北地区完全融入大一统的国家

治理体系中。

第一单元

重要遗址

　　秦人在湖北地区的统治由鄂西向鄂东推进，主要以郡治和县治为中心，呈现出由中心向外围控制力量渐次减弱的趋势，即中心区的秦文化因素多而强，越往外楚或地方文化因素逐渐明显。秦拔郢后，以郢城为南郡郡治，其下及南阳郡（郡治南阳宛城）下属县县治多继承楚县而来。经考古发现的秦县及其治所有邓县之邓城、安陆县之云梦楚王城等。同时，在秦灭楚前，鄂东仍为楚国统治，考古发现的重要遗址有鄂王城城址、土城城址、孙郭胡城址等。

⌂ 郢城城址

　　郢城城址位于荆州市荆州区郢城镇郢城村，总面积191.8万平方米。经多次勘探发掘，探明夯土城垣有北水门、东陆门和南水、陆门等4座城门。城外有护城河遗迹。城内发现水系、道路各三条，建筑夯土台基12座。文化层最深达2米以上，清理出较多的灰坑、灰沟和木桥，出土大量建筑材料、生活用器和生产工具。其修建年代为战国晚期，使用主体年代为汉代，东汉以后废弃。该城应为秦至西汉中期南郡郡治江陵县县城，城址周围分布着密集的秦汉文化遗存。

△ 郢城城址位置示意图

△ 郢城城址周边秦汉文化遗存分布示意图

△ 郢城城址内遗迹分布示意图

△ 郢城城址东门发掘情况

△ 郢城城址出土陶器

云梦楚王城城址

云梦楚王城城址位于云梦县城区，东西长约1.8、南北宽约1公里。城外有40余米宽的护城河环绕。东北角有一座烽火台。城墙为分层夯筑。城址始筑于战国中晚期，沿用至汉代，战国晚期至秦代为安陆县城。城址西侧睡虎地墓地出土的简牍等材料，揭示出秦人占领楚郢都后，云梦成为秦人与东迁楚人交战的前线。

△ 云梦楚王城城址复原范围示意图

△ 云梦楚王城城址出土战国中晚期陶器

吏有五善

一曰忠信敬上

二曰精（清）廉毋谤

三曰举事审当

四曰喜为善行

五曰恭敬多让

五者毕至，必有大赏

M11 出土秦简《为吏之道》

庄王三年，庄王死。

今元年，喜傅。

【四年】，□军。十一月，喜除安陆□史。

六年，四月，为安陆令史。

【廿八年】，今过安陆。

M11 出土秦简《编年记》

〔注：简文中的"今过安陆"，今指秦始皇帝。《史记·秦始皇本纪》记载的秦始皇二十八年第二次出巡，东行郡县，其归途正应经过安陆〕

M4 出土 11 号木牍

〔该木牍写于秦始皇二十四年（公元前 223 年），是黑夫、惊的家信，为目前所知最早的书信实物〕

△ 睡虎地墓地出土秦简牍

△ 云梦楚王城城址出土战国时期陶器

土城城址

土城城址位于赤壁市新店镇土城村，俗名太平城，由大城和小城组成，时代为春秋晚期至战国晚期。其中大城为战国城址，夯土筑成，呈南北向长方形，城址面积约74.5万平方米，四面有城门缺口，城外有护城壕，城内东北、西北部分别探出建筑台基1座。城外发现三处战国墓地，发掘墓葬108座，其中107座为战国楚墓，墓主人身份存在一定等级差别。该城址是一座楚国的地方中心城邑。

△ 土城城址及城内遗迹分布示意图

△ 土城城址西垣城门缺口与北垣中段战国夯窝

荷叶塘

李庄伯家

马家湾

巴茅塘冲

·35

·62

月儿熊家

崩坎

55.3

61.2

56.3

·51.1

羊楼洞茶场
益阳桥分场

吴家后背山墓地

泥烂
冲墓
地

但家村

带马头汪家

花园岭

蟠

55

河

30.5

古

33.6

35.9

57.4

32.8

·W

51.4

32.7

·32.9

二屋饶家

33.1

31.5

36.1

木
形
张家

32.2

·33.7

31.4

城

王家岭墓地

猪头墩墓地

31.6

35.9

43.8

31.7

邱家湾

32.9

小古城

34.1

33.6

毕家湾

31.7

沿

32.9

34.7

赵家

31.7

32.4

瓦泥塘

河
上

37.3

35.7

35.2

二屋余家

37.1

32.7

周家龙

·32.0

白屋陈家

茨棚余家

青丝畈

河

35.8

路

大庄

竹塘李家

图 例		
▲	战国墓地	
△	汉代墓地	
▦	水塘	

△ 土城城址与城外墓地分布示意图

△ 土城城址内出土战国晚期陶器

△ 土城城址外围墓葬出土陶器

△ 土城城址及外围墓地出土陶器

孙郭胡城址

孙郭胡城址位于咸宁市咸安城区西北约1.5公里处，南北长210、东西宽125米。南北城垣外各有一长方形人工堆筑高台。东西城垣各有一缺口，东城垣缺口位于城垣北部，西城垣缺口位于中部，应为城门遗迹。城垣四周有挖掘的护城壕。出土有铜箭镞、戈残片、残铁刀、石球等遗物。该城始建于战国中期偏早，废弃于战国晚期，应是楚国在此设立的一处军事据点。

△ 孙郭胡城址平面示意图

△ 孙郭胡城址全景

△ 孙郭胡遗址出土陶片

△ 孙郭胡遗址出土器物

第二单元

秦 墓

秦墓主要发现于秦地方统治中心如鄀城、楚皇城、云梦楚王城、邓城等城址外围不远处。多为长方形竖穴土坑墓，有少量洞室墓。墓葬方向以南向为主，也有少量西向、北向。葬具一般为单椁单棺或单棺，也有无葬具者。可辨葬式者大多为仰身直肢葬，有少量曲肢葬。随葬器物的风格明显分为两种，一是楚式风格的鼎、盒、壶等，一是秦式风格的鍪、釜、蒜头壶、扁壶、小口瓮等，以陶器为主，铜器较少，还有少量玉器和数量不等的漆器等。墓葬时代为公元前278年至秦汉之际。出土器物显示墓主分别为楚遗民、秦人，也有秦人所迁之中原诸国人。

郢城城址外围秦墓

郢城城址外围秦墓位于郢城城址周边3公里范围内。调查发现墓地9处，包括鸡公山、黄山、高台、凤凰山、岳山、唐家草场等墓地，部分墓地发现了少数秦墓。这些墓葬均为无墓道的中小型长方形竖穴土坑墓，出土随葬品以陶器为主，少数墓葬随葬铜、铁、漆木、玉器等，其中岳山M36还出土日书木牍。墓葬时代为战国晚期后段至秦末，墓主人为秦国的中下层官吏或平民。

△ 岳山墓地秦墓出土漆木器

墓地名称	位置	与城址地理关系	时代	面积（万平方米）
鸡公山	郢城镇郢北村	郢城北0.5公里	战国秦汉	2
黄山	纪南新区黄山、彭湖村	郢城东北3公里	战国秦汉	20
高台	纪南新区高台村	郢城西北3公里	秦汉	0.11
凤凰山	纪南新区纪城村	郢城东北3公里	秦汉	0.5
岳山	纪南新区岳山村	郢城南0.5公里	战国秦汉	0.2
严家台	郢城镇荆北村六组	郢城西南1公里	秦	0.98
刘家台与夏家台	郢城镇荆北村九组	郢城南1.5公里	战国、汉	5.3
黄甲古刹	纪南新区岳山村五组	郢城东北1公里	秦、汉	3
唐家草场	纪南新区高路村四组	郢城东北0.5公里	秦、汉	5

△ 岳山墓地秦墓出土陶器

△ 岳山墓地秦墓出土铜、铁器

△ 岳山墓地 M36 出土木牍

楚皇城城址外围秦墓

秦占领楚皇城后依楚国城邑鄢郢设立鄢县，属南郡。其外围分布着雷家坡、魏岗、跑马堤、汤家岗等秦墓地。历年来发掘墓葬数百座，均为中小型长方形竖穴土坑墓。出土铜器有鼎、壶、蒜头壶、剑、勺、灯、镜、"半两"钱等，陶器有豆、盉、罐、甑等，铁器有削、釜等。

△ 跑马堤墓地 M1 随葬陶器组合

△ 汤家岗墓地 M36 随葬陶器组合

楚王城城址外围秦墓

楚王城为秦安陆县治，其外围有睡虎地、木匠坟、老虎墩、郑家湖、龙岗、珍珠坡、江郭等秦墓地，共发掘中小型秦墓400余座，出土大量铜、铁、陶、漆木、丝、玉、竹器和竹简、木牍等。其中睡虎地M11为秦国小吏"喜"之墓葬，该墓出土竹简1155枚，近4万字，内容有《编年记》《语书》《秦律十八种》《效律》《秦律杂抄》《法律答问》《封诊式》《为吏之道》《日书甲种》《日书乙种》等十类。龙岗M6出土竹简150余枚，内容有田律和禁苑律等，还出土了木牍。

△ 楚王城城址外围秦墓地分布示意图

△ 睡虎地墓地秦墓随葬器物

漆圆盒　　　　　　　　盖顶花纹　　　　　　　底部花纹及文字

漆圆盒　　　　　　　　盖顶花纹　　　　　　　　　底部花纹

△ 睡虎地墓地秦墓随葬漆器

陶瓮及其陶文拓片

△ 睡虎地墓地秦墓随葬陶器

△ 郑家湖墓地 M274 出土木觚　　　　　　　　　　　△ 龙岗墓地 M6 出土木牍

△ 江郭墓地 M12 随葬陶器组合

△ 江郭墓地 M22 随葬陶器组合

△ 江郭墓地 M16 随葬陶器组合

△ 珍珠坡墓地 M20 随葬陶器组合

△ 珍珠坡墓地 M24 随葬陶器组合

△ 郑家湖墓地 M140 随葬陶器组合

△ 郑家湖墓地 M235 随葬陶器组合

邓城城址外围秦墓

秦昭襄王二十八年（公元前279年）白起拔邓设县，邓城为秦邓县治所。其外围分布有王坡、蔡坡、团山、余岗、岭子等秦墓地。大部分为长方形竖穴土坑墓，有极少量土洞墓。出土随葬品以陶器为大宗，分为仿铜礼器和日用器两类；铜器次之；还有少量铁、玉、石、料、角、漆木器等。

△ 王坡墓地秦墓出土典型器物

△ 王坡墓地 M46 随葬陶壶

△ 王坡墓地 M50 随葬陶器

△ 余岗墓地 M796 随葬陶器组合

△ 余岗墓地 M46 随葬陶器组合

△ 余岗墓地 M810 随葬陶器组合

△ 余岗墓地 M33 随葬陶器组合

△ 郧县中学 M308 随葬铜器

△ 岭子墓地 M21 随葬陶器组合

后记

　　历史逐渐远去，像不尽长江滚滚东流。考古揭示了湖北地区源远流长的长江文明汇入博大精深的中华文明的历史进程，如同江汉朝宗于海。让我们在传承中弘扬荆楚文化，赓续千年文脉。

编者

2022 年 12 月

湖北地区重大考古发现一览表

奖项名称	年度	项目	时代	地点
中国"百年百大考古发现"	2021	湖北荆门屈家岭遗址	新石器时代	荆门市屈家岭管理区
		湖北天门石家河遗址	新石器时代	天门市石家河镇
		湖北黄陂盘龙城遗址	夏商时期	武汉市黄陂区
		湖北大冶铜绿山古铜矿遗址	夏商时期	大冶市金湖街道办
		湖北随州曾侯墓群	两周时期	随州市曾都区、京山市、枣阳市
		湖北云梦睡虎地秦墓	秦汉时期	孝感市云梦县
中国20世纪100项考古大发现	2001	屈家岭遗址	新石器时代	湖北省京山县
		石家河遗址群	新石器时代	湖北省天门市
		盘龙城遗址	商代	湖北省黄陂县
		曾侯乙墓	战国	湖北省随州市
		纪南城周围的墓葬群	东周	湖北省荆州市
		铜绿山矿冶遗址	西周至汉代	湖北省大冶县
		睡虎地与龙岗秦墓	秦代	湖北省云梦县
全国十大考古新发现	1990	湖北郧县人头骨化石	旧石器时代	十堰市郧阳区曲远河口学堂梁子
	1992	湖北鸡公山遗址	旧石器时代	荆州市荆州区郢北村
	2000	湖北潜江龙湾宫殿遗址	春秋晚期至战国早期	潜江市龙湾镇
	2002	湖北巴东旧县坪遗址	六朝至宋代	宜昌市巴东县东瀼口镇
	2007	湖北郧县辽瓦店子遗址	新石器时代至两周	十堰市郧阳区柳陂镇辽瓦村四组
	2011	湖北随州叶家山西周早期曾侯墓地	西周早期	随州市曾都区淅河镇蒋寨村叶家山
	2013	湖北随州文峰塔东周曾国墓地	春秋晚期至战国中期	随州市曾都区文峰塔社区义地岗东南部
	2014	湖北枣阳郭家庙曾国墓地	西周晚期至春秋早期	枣阳市吴店镇东赵湖村
	2015	湖北大冶铜绿山四方塘遗址墓葬区	西周晚期至春秋早期	大冶市城区西南3公里
	2016	湖北天门石家河遗址	新石器时代	天门市石家河镇
	2018	湖北沙洋城河新石器时代遗址	新石器时代	荆门市沙洋县后港镇
	2019	湖北随州枣树林春秋曾国贵族墓地	春秋中晚期	随州市曾都区义地岗文峰塔墓地西
中国社会科学院考古学论坛·中国考古新发现	2002	湖北枣阳九连墩战国墓	战国	枣阳市吴店镇
	2011	湖北随州市叶家山西周墓地	西周早期	随州市曾都区淅河镇蒋寨村叶家山
	2013	湖北随州市文峰塔东周曾国墓地	春秋中期至战国晚期	随州市曾都区文峰塔社区
	2016	湖北天门市石家河新石器时代遗址	新石器时代	天门市石家河镇
	2017	湖北京山县苏家垄周代遗址	两周之际至春秋晚期	京山市坪坝镇
	2018	湖北沙洋县城河新石器时代遗址	新石器时代	荆门市沙洋县后港镇
	2019	湖北随州市枣树林春秋曾国贵族墓地	春秋中晚期	随州市曾都区义地岗文峰塔墓地西
	2020	湖北武汉市郭元咀商周遗址	商代至春秋时期	武汉市黄陂区前川大街鲁台山北麓
	2021	湖北云梦郑家湖墓地	战国晚期至西汉初	孝感市云梦县城关镇
世界考古论坛田野考古发现奖	2015（第二届）	中国西南土司遗址考古调查和发掘	宋元明清时期	恩施州咸丰县
	2017（第三届）	石家河聚落考古新发现	新石器时代	天门市石家河镇